思想觀念的帶動者

文化現象的觀察者

本土經驗的整理者

生命故事的關懷者

SelfHelp

顛倒的夢想，窒息的心願，沈淪的夢想
為在暗夜進出的靈魂，守住窗前最後的一盞燭光
直到晨星在天邊發亮

快樂成癮

不費力的練習，從此幸福戒不掉

The Habit of a Happy Life:
30 Days to a Positive Addiction

傑弗瑞‧薩德（Jeffrey K. Zeig）、
瓊‧尼霍爾（Joan Neehall）——著

洪偉凱、黃天豪——譯

四方佳評

現代人成癮困擾多，包括：網路遊戲、賭博、酒精、尼古丁等，戒癮有無捷徑？作者一語驚人──培養「正向成癮」：對更快樂、更健康的事物上癮！

──張立人◎精神科醫師，《APP 世代在想什麼？》作者

你是你每天的累積。如果要自己「不去做什麼」對你來講很困難，那麼這本就是「去做什麼」的指南，用行動來取代抑制，讓你在馬不停蹄的習慣裡，還是能夠找到自己的節奏與平衡。

──海苔熊◎心理學作家

快樂是一種選擇，這樣的選擇也包含學習和了解為什麼人會快樂與悲傷，本書從腦神經科學出發，搭配許多實作練習，幫助你更能掌握快樂的元素，從裡到外喜歡自己。

──朱楚文◎財經主持人，
《提問力，決定你的財富潛力》作者

《快樂成癮》揭示日常生活中務實的健康生活習慣，不只減少負面情緒，更能好好掌握人生，是一本值得看的好書。

──胡海國◎臺灣大學醫學院名譽教授、
精神健康基金會董事長

　　每個人或多或少都有一些難以覺察且已經成癮的習慣，但多數都是會妨礙生活、工作甚至人際方面的負向成癮，但是只要照本書兩位作者所提供的練習方式，從每天 15 分鐘開始，只要 30 天，就能不費力地活出自己用心建立的正向成癮生活；我已經迫不急待要開始練習了，一起來吧！

——呂亮震◎工商心理學博士，

擺渡人生學校共同創辦人／執行長

　　這是具高度整合性又有創意的一本心理學自助手冊。對改善人生感到無力的讀者要特別注意第八章的內容，透過路徑的選擇與動機的重新定義，你會發現人生不再非此即彼，新的可能性也孕育而生。

——鐘穎◎愛智者書窩版主／心理學作家

目錄

【推薦序 1】

好習慣，讓你成為「快樂成癮人」

蔡東杰

華人艾瑞克森催眠治療學會理事長
高雄養全診所院長

　　傑夫（本書作者薩德）在 2005 年第二次來到台灣，不巧他入住酒店的健身房整修，無法使用。傑夫得知這個消息，非常在意，因爲他習慣每天運動。他說：「每天早上的運動讓我的教學保持在最佳狀態。」當時我眞是佩服傑夫在專業與個人生活的紀律。

　　而隨著我對催眠治療之父──艾瑞克森（Milton Erickson）醫師有更多的認識，我知道他在晚年經歷許多身體的病痛，仍然整天笑容滿面，對於生命充滿了期待與好奇。傑夫說他第一次拜訪艾瑞克森醫師，是想跟他學習心理治療與催眠，但當他與艾瑞克森醫師相處了幾天之後，艾瑞克森醫師對於生命的熱情深深地打動他，讓他更想要跟艾瑞克森醫師學習如何享受生命，如何成爲一個人，成爲最棒的傑弗瑞·薩德。

　　或許您會有這樣的想法：「這兩位眞的不太像人，人怎麼可能做得到！」而您不知道的是，兩位老師都有很好的「習慣」。

　　不論生理性或心理性的各種慢性疾病，都與生活型態有關，生活習慣對於健康具有決定性的影響。但能夠真正養成良好的生活習慣的確不是一件容易的事。

　　我在 2001 年學習催眠後，發現每天有一段時間自我催眠讓自己放鬆，可以讓我快速恢復精神，保持愉悅的心情。這樣的習慣持續了幾年，後來因為工作變得繁忙，逐漸沒有時間這麼做，體力精神大不如前。我常常告訴自己要開始好好靜坐，但始終都沒辦法實現。雖然，一次靜坐只需要 20 分鐘，但我卻一直無法在一整天 24 小時的時間找到這麼短短的 20 分鐘，總覺得每天眼睛一睜開就有一大堆忙不完的事，找不到靜坐的空檔時間。我曾經很認真地思考在每天睡覺前靜坐，睡覺前總有時間了吧！但事實是到了睡覺前已經感到很疲憊，「提不起勁」靜坐了，看來很荒謬，但這就是殘酷的事實。

　　想靜坐又一直無法真正開始靜坐的情形維持了好幾年的時間。直到 2016 年 8 月在一個線上課程中，老師提到「養成一個良好的習慣是將生命向前推進的重大關鍵」，同時也提供了一個培養新習慣的簡易方法。課程後，我很認真地思考當下對我最有幫助的良好新習慣是什麼？我的答案是「每天靜坐」。第二天開始，我依照著課程中提供的簡易方法確實執行，一個月之後，早上 6 點起床開始靜坐，成為我每天的例行公事，就像刷牙、洗澡、吃飯一樣是生活的一部分。

　　這個簡易方法包括三個部分：提醒（Trigger）、執行（Routine）以及獎勵（Reward）。首先，我承諾自己在接下

來一個月的時間，要確實執行上述的三個部分，期許一個月後能夠養成每天靜坐的習慣。接著，在一天 24 小時的時間裡，找出我有十足把握能夠靜坐的時間與地點：早上 6 點，我的書房。最後就是執行這三個部分。設定手機的鬧鐘每天早上 6 點會叫我起床，我把這個手機鬧鐘取名「帥哥起床了，又是美好的一天！」這個就是提醒。當鬧鐘響了，我就依照我給自己的承諾，用微薄的意志力要求自己起床靜坐 20 分鐘，這個就是執行。靜坐結束，我會為自己準備一頓營養美味的早餐、一杯咖啡或是做其他可以令我感到開心的事，這就是獎勵。如此，我就完成了這一天的三個部分，接下來一整天我都不需要將靜坐放在心上，等明天早上鬧鐘響了，我再完成同樣的三個部分。直到一個月之後，靜坐成為我的習慣，不需要刻意記得每天靜坐。

而靜坐最酷的是靜坐一段時間後那種身心舒暢、耳聰目明、愉悅自在的感覺，這真是很大的獎勵。每天一早醒來，不只會反射性地靜坐，有時還會期待靜坐。這樣的經驗就是本書的主題，「正向成癮」（Positive Addiction）。持續靜坐一段時間後，我能夠更聚焦在新的學習與計畫，也減了 6 公斤的體重，驗證了線上課程中老師提到的，「養成一個良好的習慣是將生命向前推進的重大關鍵」。

2017 年 4 月，我到鳳凰城參加一個研討會，傑夫邀請我到他家作客住了一晚。我印象最深刻的是，傑夫家裡有一個健身房，裡面有好幾部專業的健身器材，每天早上他一定做足他

的運動菜單，十幾年來始終如一。我們談到了如何協助個案養成良好的習慣，包括：減肥、戒菸、血壓與血糖控制。坦白說，這不是件容易的事，因爲其中牽涉到改變的動機、自我信念、行動的方法與步驟。

　　很高興《快樂成癮》的出版，從深入的理論基礎到實際的執行方法都作了介紹，幫助讀者按部就班在一個月的時間成爲「快樂成癮人」。艾瑞克森醫師與傑夫都是使用派、行動派的，理論一定要在生活中實踐。

　　有機會跟身體力行的老師學習是幸福的。

【推薦序 2】

另一種改變的可能路徑

蘇益賢

臨床心理師
初色心理治療所副所長
心理師想跟你說共同創辦人

這是一本關於改變的書，「改變」這個字在書裡被提到超過一百次以上。但，改變是什麼呢？劍橋英文字典裡對「改變」（change）給出的解釋是：「變得不一樣」，但原文裡頭提到了兩種改變──make, or become different。

真有意思！make 這個字聽起來比較像是用點力，去執行、去做，透過具體作為，讓不一樣發生。而 become 這個字感覺起來，比較不是以刻意費力的方式促成改變，更像是讓自己處在一種適合讓改變發生的狀態，慢慢成為你想改變的樣子。

多數人對於改變的想像，往往比較偏向 make 一點。閱讀完這本書之後，則感覺它補上了改變這條路上，關於 become 這一條路的地圖。

《快樂成癮》這本書，來自威廉・葛拉瑟（William Glasser）曾提出的「正向成癮」概念。作者借用了這個想法，並整合了當代神經心理學的發現，重新定義了「成癮」的不同

可能性。

　　對多數人來說，「成癮」（或者更精確地說，「負向成癮」）並不是一個正面的字詞。一個人內在的渴求、希望、獎賞與動機變得走火入魔，當事人被困在一種侷限並且離不開的「生病了的快樂」裡頭。

　　不過，本書帶著我們思考一種可能性：我們在日常生活中的各種「習慣」，背後經歷的流程，會不會本質上也算是一種小小的成癮呢？只是，它發生的太快、太巧妙、太直覺，因而你未必能清楚看見你的每個習慣背後，是出於什麼渴望與期待，或是你想藉由這些不太需要動腦、認真思考的慣性反應，來滿足什麼？

　　先前在閱讀薩德博士相關書籍時，我對他提出的「順勢而為」概念記憶猶新。讀過本書之後，我恍然大悟。借用人們與生俱有的習慣，乃至於成癮的天性，巧妙地轉動、翻轉一下背後的開關，減少負向成癮，並將習慣的力量慢慢引導，讓我們在生活中慢慢實踐更多正向成癮的好習慣──這其實就是順勢而為呀！

　　本書整合了許多心理學中的重要概念，透過兩位作者的述說，重新包裝成對現代人來說更易於閱讀的一份禮物。大量的活動與練習，讓我們在還沒出發「make a difference」之前，先邀請讀者在紙筆之間，也同時在你的內心世界、在大腦許多還沒被連結起來的端點之間，默默地埋下「become different」的種子。

在閱讀時，你會看到許多「活動」的介紹，有三個「千萬」想提醒你。

第一個是，千萬別跳過去，略過這些頁面。

第二個則是，千萬不要只是讀過去，而沒有停留下來，留給自己足夠的時間，跟著作者的引導，慢慢沉澱，並往你的內心世界裡去尋找一下答案。

第三個千萬是什麼呢？千萬不要只有「想想」而已。如果你希望能強化這些活動練習的效果，你可以把內心的思考記錄起來，不管是用紙筆書寫、透過電腦打字，甚至，你也可以透過說出來的形式，以語音的方式來記錄你的思緒。

在諮商室裡，心理師通常會提出一些重要的問題，留下足夠的時間，讓個案思考與沉澱。此外，下一個更重要，也更可能帶來洞察或啓發的步驟，則是邀請個案把自己內心的想法、感覺、感受，用他的方式娓娓表達出來。

正是在這種一邊說、一邊整理的過程，個案能夠更靠近自己。而在誠實靠近自己的路上，他將更有機會看見一些自身本來就具有的力量。這些被自己發現與看見的力量，將有機會變成他用來陪伴自己繼續往下探索、面對生活挑戰的資源。

因此，除了閱讀本書介紹的觀點、看看不同個案的經驗之外，讀者不妨把書中的每個活動、作者丟出來的許多問句，都當作一次陪自己「微諮商」的機會。

若你願意的話，更可以找幾位夥伴，你們都希望在人生中創造更多正向成癮、減少負向成癮。在本書後面分享的三十天

改變旅程中，如果能有夥伴一起前行，互相支持、打氣，成為
彼此的回饋者，相信這段正向成癮的旅程，會走得更為踏實。
我們每次跨出的一小步，都能讓我們更加成為（become）自己
想要成為的自己。

【譯序 1】

正向習慣是種生活禪，讓人快樂上癮

洪偉凱

艾瑞克森學派心理治療師
國際短期心理治療大會講師
艾瑞克森學派國際大會講師

這本書翻譯完後，我花了幾天時間讓自己靜默，回想過去薩德老師在我身上所做的一切事情，以及他在自己身上所做的一切。我發現薩德老師是一個言出必行的人，他總是以身作則地教導我們所謂的「正向成癮」。

一本面向社會大眾的心理學書籍，除了要提供簡單易懂的方法讓人們能夠確實執行，還需要有完整的理論基礎。而薩德老師這本書兩者兼具。他最早時曾說過，他腦子裡總是有超過五十種的催眠方法可以幫助人們改變。然而，隨著他自己的進步演化，相容世界上各大心理學派的精華，他最近說的是，他腦子裡經常有超過五十種各個心理學門派的治療方法可以幫助人們。很多時候，人們需要的是快速、有效、深入的說明，不見得需要用到催眠，而這本書完全證明了這一點。

薩德老師慣常用神奇的方法做治療與催眠。而這本書裡，我看到薩德老師不講神奇的方法，講的是簡單易懂、實用的方

法。試想，你是不是會去參加一個厲害大師的演講，然後獲得很棒的激勵，回家之後堅持了兩天，然後就停止了，然後你再去聽另一位大師演講，再次獲得激勵……。沒有人告訴你如何堅持下去，直到成為人生成功的勝利一族，但薩德老師全部都設想到了，每一個一般人可能會遇到的障礙和困難，他都詳細告訴我們如何面對，讓我們可以準備好面對這些挑戰，活出真正成功快樂的人生。這是一本很難得的書，結合心理學和社會大眾的需求，我相信這本書會幫助到很多人，我就是其中一個獲益良多的人。讀這本書，可以從頭到尾照著做，也可以跳著讀、跳著做，不論哪種方式，都能夠改變你，讓你擁有更棒的生活。

　　禪是什麼？禪有動中禪、靜中禪；吃飯是禪、睡覺也是禪。禪只能體驗，無法被說出來。而薩德老師把禪的道理用心理學的方式說出來了，而且是確實可行的方法。一個偉大的心理學大師，可能有高深的理論，可能有難懂的技巧，能夠把這些理論技巧轉化成一般大眾易懂易行的練習，才是大師中的大師。薩德老師是大師中的大師。書中所有的技巧方法練習，我都親身做過好幾次，證實非常有效，就連這本書的翻譯過程也是採用書中的方法進行，讓我得以在人生最忙碌的三個月之內，抽空把書翻譯完成。書中的練習就是一種生活禪，幫助你在生活裡可以得心應手，如魚得水。薩德老師書中提到的許多細節，都是珍貴的經驗分享。面面俱到地關注每個細節，帶著覺察，創造高品質的生活，就是生活禪的最高原則。中國人

說，三十而立、四十而不惑、五十而知天命、六十而耳順、
七十而隨心所欲不逾矩。我們學會書中的方法，不用等到七十
歲，就能夠隨心所欲不逾矩。這書是薩德老師對現代人的另一
偉大貢獻。

　　薩德老師有次在紐約大師督導班裡做治療，我親眼見證
他跟一個想要戒酒的學員訂下合約。薩德老師跟他說，「我們
兩人互相激勵，每個月我們都互相回報彼此進度，為了說服你
戒酒，我決定戒甜食，為期一年的時間。」然後，薩德老師從
隔天開始，任何甜點都不吃，真的戒掉甜食，幫助自己回復健
康的身體。而他們兩人真的在接下來的一年內每個月定時互相
提醒對方，一個戒酒，一個戒甜食。時至今日，已經好幾年過
去，我看到薩德老師對於甜點還是幾乎完全不碰。這真是親身
做到他所謂的正向成癮。薩德老師每年都會給自己定下新的正
向成癮目標，並且每年確實執行。看著薩德老師的榜樣，我也
承諾自己，每年都要學習一個新事物，這些年，我學會攝影、
拍紀錄片、當演員、學長笛、上擂臺打泰拳，這都是拜薩德老
師之賜，我才擁有一個精彩豐富的人生。

　　只要你堅持完成書中的 30 天計畫，這本書將會是改變
你人生的一本書。精彩過癮的人生就從今天開始。堅持完 30
天，你就踏上一條不歸路了，正向成癮的不歸路。這條路會帶
給你多采多姿、冒險刺激的感覺，一種在自我關係、人際關
係、家庭關係、工作事業、健康各方面都提升的快樂幸福感
受。一起翻轉人生，從負面成癮變得快樂成癮！

【譯序 2】

正向成癮 ft. 服務設計

黃天豪

艾瑞克森學派心理治療師
新田心理首席顧問
資深專業臨床心理師
實踐大學管理學院創意產業博士班

　　我是一個私人執業的專業臨床心理師，也是一位創意產業的博士生。「深度跨領域」是許多人為我貼上的標籤，我卻極為享受在智性上、行動中，看似截然不同內容底下的共通處。在開始翻譯、校對與編輯《快樂成癮》的這段日子裡，我也同時在進行一個「服務設計再設計」的專案實作計畫。而在思考切換交錯的反覆閱讀過程中，我忽然意識到，這本書其實正是現在熱門的「服務設計」最佳案例！

　　服務設計，是以「同理心」為出發，借由找出「服務藍圖」中的每個「接觸點」，「洞察」挖掘用戶的「痛點」，借由所有「利益相關者」的參與，透過「設計思維」的「共創」手法，找出服務體驗中的創新機會點。這是一個「以用戶為核心」的「全旅程」商業服務模式。

　　本書所說的「正向成癮」，也以「同理心」為出發，經由理解「成癮科學」中的每個「心理機制」，「洞察」挖掘人的「狀

態」，借由所有「生理心理社會」的納入，透過「心理治療」的「改變」技術，找出快樂生活中的幸福可能。這是一個「以人為中心」的「全旅程」生命轉化模式。

也許這樣說還有點抽象，且讓我進一步用關鍵的「30 步驟」來說明。在這 30 天的前三個練習中，從「點燃熱情」開始，接著「評估準備狀態」，再來「找到協助者」——不只考慮到內在的狀態，穩定踏出第一步，也開始預備外在的環境。後續的主題有強化正面的部分，例如「聚焦於現有的正向成癮」、「擷取正向渴望」、「效法卓越榜樣」、「創造願景」；更有處理負面的部分，例如「察覺焦慮」、「處理祖傳之物」、「尊重阻抗」、「面對否認和羞愧」等。最重要的是，它考慮了人們進行正向成癮不同階段會遇見的不同障礙；這是一個隨著時間，讓人發展出美好自我的生長過程！

這兩年來，我讓自己追求的正向成癮，是「肌力與體能訓練」。在肌力訓練中，你必須一次又一次，面對內在的負面情緒，在安全的條件下挑戰自己，扛／舉起大重量。每一次訓練，都是面對人生的過程；每一次挑戰，都是提升自我的契機。當把自己放在那個追求正向成癮的位置時，就會發現這本書是基於多麼細膩的理解與豐富的經驗！那些看似簡單的練習，都是經過一次次的淬煉而生！我特別喜歡的是兩個「是的，但是」以及「藉口！藉口！」練習。當寫下那些荒謬的內在聲音，看見這些聲音／藉口在紙上變得軟弱無力（並同時獲得力量），真的是種妙不可言的經驗！

　　傑佛瑞與瓊兩位作者就像是溫暖的嚮導，用最溫和且栩栩如生的方式，詳細描繪出旅途中的每個風景路標——當然，地圖不等於疆域；你必須實際走過一遭，才會明白這些描述是如何真實有助益。因此，誠摯邀請你一起踏上這個金色階梯，踏上改變人生的旅程！

註：本書早期的譯稿，由初色心理治療所團隊丁郁芙、呂倩文、周裕翔、陳勁秀、蘇益賢等協助翻譯，特此致謝。

讀者請注意

　　當你打開這本書，你的想像力會被想要正向成癮（Positive Addiction）的念頭激發出來。也許你正好奇，何以向來給人負面觀感的成癮力量可以被駕馭，用來達成正向的成就。事實上，這正是我們要教給你的——你可以在接下來的 30 天建立並學習如何培養新的幸福習慣！

　　正如飲酒者喝酒，跑步者奔跑，從事這兩種活動時，大腦都有某些部分受到拍擊，從而獎勵了這些行爲。我們都知道，有時我們會被囚禁在短暫的愉悅酬賞中（含糖量高，咖啡因增加，鎮靜酒），然而，本書要教導的正向成癮，回報卻是長期的——總是積極正向——並且爲了更大的正向改變扎下根基。

　　在這本書中，我們提供了寶貴的資訊，以及各式活動和練習，讓您親身體驗我們在講什麼。通常身體會先有感！而我們正在運用身體來幫助說服心智，知道每個人都有能力終止靈魂所吸取的舊習，且更重要的是，確立一種更有活力的生活，來取而代之。

　　您的正向成癮將在你所選定活動中帶來成就感，更令人印象深刻的是，它將促進跨越生活和關係各方面的整體幸福感。與負向的成癮不同，正向成癮不會請求或要求你私下（或偷偷摸摸）行動，它希望你光明正大、自信而自制！

所以拿起筆和紙，打個電話給朋友——是時候踏上旅程，讓人生從此快樂上癮了！

第一章

因成癮而快樂？
如何作用？

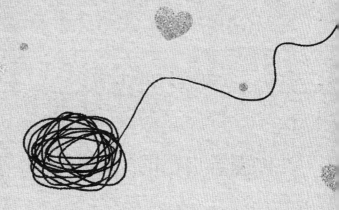

卓越不是一種行為，而是一種習慣。

—— 亞里斯多德（Aristotle）——

　　你可曾想過，為何有些人能快速完成事情，而其他人則不能？我們這裡說的是：有些人規律運動、享受平衡生活，並且擁有堅定的意志力與動力；但其他人則長期處於猶豫不決狀態，考量再三、細細斟酌，好像一定要深思熟慮才會達到完美。如果你屬於第一種人，積極有衝勁，這本書對你而言可能只是有趣，但非必要。然而，如果你屬於第二種人，我們相信閱讀這本書將會改變你一生。不僅如此，因為你開始閱讀這本書，你已經跨越那個高欄障礙，邁出第一步！

你滿意自己的生活嗎？

　　以下的問題可以幫你了解你是否對目前生活滿意。請記得，這只跟你自己有關，也僅是為了你自己而做，無需讓其他人知道你回答了什麼。

快樂心流問卷（快樂測驗）

□是／□否　(1) 我是否不滿意現在的生活？

□是／□否　(2) 在我的生活中，是否有某些事我想要改變／放下／改善？

□是／□否　(3) 我是否因時間不夠而感到焦慮？

□是／□否　(4) 我是否因為頭腦裡無法停止的思緒而難以入

　　　　　　　睡或維持好的睡眠？

□是／□否　(5) 我是否有時希望自己能……（填入任何活動）？

□是／□否　(6) 我是否想要改善自己整體的幸福感？

□是／□否　(7) 我是否容易對每天的遭遇感到暴躁、不耐煩與
　　　　　　　　挫折？

□是／□否　(8) 我是否經常感到消沉？是否偶爾有絕望的感
　　　　　　　　受？

□是／□否　(9) 我是否有時感覺好像錯過了生命中的某些東
　　　　　　　　西？

□是／□否　(10) 整體而言，我是否想要更快樂？

　　如果在上述題目中你回答了許多或大部分的「是」，那麼本書的 30 天快樂成癮計畫將對你很有幫助。我們提出的不只是一種是頭痛醫頭的對策，而是一種點火啓動開關，一旦啓動，會有強大潛力去改善所有事物。

　　然而，你會說……

　　誰有時間去開始新的事物？

　　誰想要在壓力重重的生活中增添新的元素？

　　我連說服自己把電視關掉都辦不到，怎麼有可能做到這個？

　　老實說，這些話我們都聽過，你也聽過自己說過這些話。但如你所知，你會爲了自己認爲重要的事物花上許多時間。你

會找到時間、會挪出時間、會運用時間！每個人都同樣地一天擁有 24 小時，然而對一些人來說這樣的時間是充裕足夠的，對另一些人而言卻只是任由時間流逝——時間在我們身上不停流失，而不是被我們填滿善用。

拿「太忙」當藉口已經變成一種反射動作。我們思考一下，沒有足夠的時間學習如何善用時間，這是合理的藉口嗎？這完全說不通。如果你真的想要改變某些事，你會找到時間讓改變發生。對你來說，而現在對你來說正是一個對的時間，是吧！

大忙人的時間承諾

威廉・葛拉瑟（William Glasser）在他 1976 年的書《正向成癮》（*Positive Addiction*）曾說過，每天只要花一小時練習一項身體活動或心智活動，就能達到他所謂的**正向成癮**。即使是一個「大忙人」，每天也能擠出一小時時間做某些事，而這個投資在後來會成為翻轉數倍的成長收穫。當然，一天一小時現在聽起來好像有點太多，但別讓自己固步自封。從一次一小步行動開始做起。

第一週只要每天 15 分鐘，就能促發新的習慣。請這樣想一下：每天 15 分鐘是習慣成長的種子。15 分鐘是你喝一杯咖啡的時間、檢查郵件或是滑臉書的時間！

吉米・羅恩（Jim Rohn）在他 1993 年的書《引述的寶藏》

（*The Treasury of Quotes*）寫道：「要嘛就是掌控你的時間，不然就是被時間所控制。」建立起正向成癮可能是你人生最重要的事，如此，一個小小的創造力都可以長遠地影響一個負面習慣。不要讓「時間控制你」，相反地，為自己的成長負責。你的承諾一定會有所回報。

在葛拉瑟的研究裡，他建議人們投入單獨活動，但我們發現，若能邀請其他人參與在你的正向成癮習慣中，將會有更大助益。一個人際社交元素有可能正是你所需要的，是用來推動自己繼續前進的額外激勵。

我們也要告訴你，你可以同時擁有互相支持的正向成癮。比如，你可以建立一個行事曆，同時包含靜坐與跑步，或是在運動時學習一種新的語言，或是在準備健康餐點時欣賞音樂。同時進行兩種活動有個好處，當你開始抗拒其中一種活動時，另一種活動就可以活躍起來，幫助你繼續前進。通常只需要一秒鐘的時間就可以做出更好選擇。

好的，大忙人，我們開始吧——重新定義你的正向成癮，那是你選擇可以做的事，而不是你必須做的事。我可以學習。我可以和朋友一起散步。我可以每天有屬於「我自己」的時間。語言有強大的力量，「我可以做這個」和「我必須做這個」是處於相反的兩端。結果是正向或負向，取決於聆聽我們的內在對話。

從想法轉換到應用的觀點

人際溝通分析的模式（transactional analysis model）幫助我們了解到，為何我們在最開始時會猶豫不決，接著更重要的，我們如何做出新的、更好的決定。

當在做人際溝通分析治療時，我們會辨認出每次人際溝通背後的自我狀態。這個學派的創建者艾瑞克·伯恩（Eric Berne）將自我狀態定義為：「一個穩定的感覺和經驗模式，對應到一個穩定的行為模式。」（Berne, 1961）

以下簡單說明三種自我狀態：

父母自我狀態：父母狀態是指我們在出生後的五年間儲存在大腦裡的所有外來經驗，或是所感受到的外來事件。這些是被灌輸到小孩身上的。例如：

不可以拿陌生人給的糖果！
要有禮貌！
過馬路之前要看左右兩邊！

小孩自我狀態：與父母狀態相反，小孩狀態代表著小孩在五歲之前，大腦裡所儲存內在經驗和體驗，而這些內在感覺和小孩生活周遭發生的事有關。例如：

當媽媽威脅要離開房間，我總是覺得恐懼。

馬戲團的時光真的好有趣。

當晚上天色開始變暗，我覺得緊張。

成人自我狀態：成人是客觀的第三者，有能力去分辨他或她所觀察到的（父母狀態）與所感受到的（小孩狀態）。成人狀態可以讓我們評估小孩與父母的情況，處理並確認隨著歲月過去，我們所學習到的成長功課。

基本理解：

父母狀態：教導我們概念

小孩狀態：感受內心狀態

成人狀態：學習消化吸收概念

我們所提到的每個正向成癮想法都應該從這三個自我狀態來思考。當你連結父母的建議、成人的資訊及小孩的熱情，你就可以身心靈一致地向前進。這是快樂成功的祕訣！

一個正向成癮方案需要保持平衡。為了讓正向的成癮有效且持續，需要有一個動態平衡。

傑夫（Jeff）這樣說：

我其中一項正向成癮活動是每個月駕駛一次滑翔飛機，我樂此不疲。我不會每天這樣做，但我每個月做一次。另一個正向成癮活

動是玩復式橋牌。我每天研究或是閱讀橋牌的書，通常是在一個安靜、獨自用餐的時刻。但是，我不會每天花超過一小時時間做這件事，也不會每天玩橋牌一個半小時。很多時後我會一天玩個 30 分鐘的橋牌，因為我可以在線上玩，非常方便。

學習西班牙文也是一個正向成癮活動，我幾乎每週學習一個小時。我迫不及待要學西班牙文，我在線上跟一個老師學習。學習是一種正向的成癮經驗，我想要一直持續學習。

我每天早上運動，幾乎從不停歇。唯一能阻止我運動的就是旅行。所以，我一年運動 350 天，而不是 365 天。我越來越喜歡運動，完全不需要思考，就只是去做。我不需要在我的工作記憶中提醒我自己。它已經變成一種自動化記憶。就好像穿鞋子——我不需要思考如何穿鞋子。這有很多好處：我有一小時的獨處時間！我可以和我愛的人聊天！我可以學習！這些活動以及其他更多活動，都比單一活動帶來更多好處。

當我與我的愛人聊天、享受獨處時光，或聆聽播客，這是神聖美妙的時光。我的生活因此而充滿意義。而駕駛滑翔飛機就是一種正向成癮，因為我熱愛它，因為我有能力開飛機，同時也因為這是我滋養自己的一種方式。就算過程中有些困難挑戰，當我開飛機飛過地球上方時，我深深地被群山峻嶺的美麗所震攝。我心懷敬長，一個全新視野觸動我的心靈深處。當我做這些活動時，我內心裡的父母建議、成人資訊、小孩熱情都融合一起，開啟了嶄新的生命旅程。

為什麼選擇現在寫這本書？

我們知道市面上已經有數以千計的個人成長書籍！我們想要脫穎而出，讓這本書成為你獨一無二的資源。我們的計畫是：我們——兩個親身實踐我們正向成癮取向、世界頂尖的心理治療專家——將會引導你，透過按部就班的方式發展你獨特的正向成癮活動，每個相關步驟我們都會詳細解釋，並連結到整體策略發展，幫助你連結現在和未來——一個更加健康、更加快樂的美好明天。我們手邊有所有必備訊息，迫不及待想要跟你分享。我們會避免使用心理學專業行話，而是用一種臨在、清晰、簡單學習、立即可運用在生活裡的方式教導你。你將會享受在重寫生命樂章的過程，就好像當電工到你家裡升級電路系統時，所有電器設備會更流暢運作。當你做出承諾，人生將會更加流暢運作！

這本書將如何幫助你做出正向改變？

照著書中的方法去做，你將會發現自己成為一個更好、更深刻滿足的自己——全然掌控自己的人生、細細品味並從你的正向成癮活動中獲得許多好處。我們看過這樣的事情發生很多次，也在自己身上徹底體驗到那是如此美好。而最大的好處是感受自己全然掌握生命的航向，精力充沛、充滿自信地航向未知的人生冒險旅程。

　　這本《快樂成癮》會教你如何開啟成功的旅程，如何維持練習，以及如何享受美好成果。我們也會引導你穿越無法避免的艱難障礙。當然，你個人「如何去做」，取決於你的個別需求以及你所選擇的正向成癮活動，但我們所有的建議都可以依照你的個人路徑而客製化。

你何時知道自己走在正確的道路上？

　　我們建議你花 30 天的時間照著書上的方法做。就好像我們先前提到，你在第一週可以從一天 15 分鐘開始，然後慢慢地（或快快地）增加每天的時間。

　　我們期待，在 30 天結束時，你將會活出自己所用心建立的正向成癮生活。同時，根據學術研究顯示，這個習慣可以在短短的 66 天成為自動化過程（不需要強迫自己去做）（Lally, 2010）。想像一下！只要一個月的時間就可以建立新的好習慣，再一個月的時間就可以讓這個好習慣變成生活的一部分！正向成癮的效果可以、也會永遠持續下去，這對你來說真是太划算了。

展望未來

　　接下來我們將看看神經科學裡對於多巴胺與成癮的基礎理

解。我們想要在你尋找自身的內在改變力量時，為你指引正確
方向。

第二章

神經生理科學與成癮

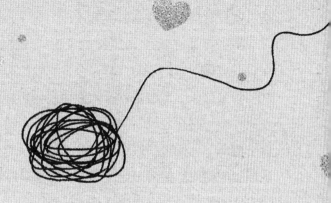

神經跟意識的關係,就如同 DNA 跟生命的關係。
因此,心智生理學對於二十一世紀的影響,
就如同生命生理學對於二十世紀的影響。

——阿伯傑特・納斯克（Abhijit Naskar,神經科學專家）——

簡述心理學與科學的立場

　　一些心理科學的原則將幫助你了解我們的看法以及你的地圖。了解多巴胺在成癮上的作用機制，會幫助你了解正向成癮如何運作。當你越了解什麼對改變有幫助，就越會準備迎向成功，就算有挑戰也能克服挑戰。

　　威廉·葛拉瑟在 1976 年的《正向成癮》這本書中，主要聚焦在成癮行為底下的情緒。今日的學術研究則是聚焦在成癮的神經生理學上，或是神經細胞與大腦功能如何一起調節人類行為。換句話說，最新的研究是聚焦於大腦在細胞層面如何運作。這個令人興奮的研究新方向打開了一扇大門，讓我們了解成癮和成癮戒斷如何刺激大腦運作，而最終能提供有效方法來治療負向成癮——以及促進正向成癮。

大腦

　　你了解腦袋裡面的那個駕駛員嗎？握著兩個拳頭，將大姆指放在外面，並將兩個拳頭靠攏：這大概就是人類大腦的尺寸。在這個大小適中的器官裡，許多改變發生著，深刻影響我們人生經驗。為了了解行為如何與大腦內的化學成分交互作用，造成成癮，你應該先了解一下它們如何交互作用而造成一切！

　　你的大腦是由大約 860 億個「神經元」（神經細胞）以及

850 億個「神經膠質」（非神經元的支持細胞）所組成（Von Bartheld, Bahney, & Herculano-Houzel, 2016）。神經元是我們神經系統中的訊息傳遞者。一個低電壓電流沿著神經細胞傳遞，在神經末梢釋放化學物質（神經傳導素）到周遭的神經元空隙中（突觸間隙）。當神經傳導素抵達另一個神經元分枝（樹突）時，它們逐漸累積。當收集足夠神經傳導素時，它們就啟動一道電流並釋放神經傳導素，到下一個細胞繼續產生電流——然後再到下一個細胞。

接著，神經元訊息的「意義」取決於整個神經鏈，或說，取決於啟動的神經元網路在哪裡開始與結束。經過數十年的手術、電刺激、解剖、腦傷研究，以及腦部造影（包括針對其他動物的控制實驗），我們對於哪些大腦部位包含怎樣的神經元，激發時會伴隨怎樣的活動與感覺，已有足夠了解。我們也知道這些神經網絡對於各式神經傳導素（總共大約有一百種）是選擇性接受的。因此，在各個神經網絡系統中，各式神經傳導素的存在或不存在，直接影響我們的感覺與我們的行為。一個特定神經網路系統中的神經元成長數量和觸及範圍，以及腦內化學物質流經特定神經元傳遞的情況，也會影響我們的感覺與行為。

也許你曾經聽說過「一起激發的神經元，會連線在一起」。我們稱之為神經可塑性的現象，在過去十年「大腦年代」，不論是課堂上、雜誌上、瑜伽工作室裡、科學實驗室裡，這都是一個熱門話題。這個現象是指一系列不斷發生的神

經運作過程，從你在媽媽的子宮裡到你躺在墳墓裡。整體而言，神經可塑性的假設在十七世紀晚期就已經存在，然而直到最近數十年，研究學者才開始了解它的範圍及運作方式。用個最簡單的說法，兩個神經元之間傳遞的訊息會強化它們的神經傳導通道，隨著更高頻率的刺激，這樣的強化更加穩定。這個強化是奠基於功能與結構的改變：「突觸前」神經元釋放更多神經傳導素分子，這會造成接收的神經元也增加樹突棘的大小以及數量，然後該接收的神經元數量增加或地位提升，甚至長出新的樹突，最終有新的突觸（Costandi, 2016）。從胎兒在子宮裡到幼兒前期，大腦持續產生數以萬千計的新生神經元；在幾年之後速度變慢，並且在成年時期變得很少見，可能就只侷限於大腦裡兩個特定區域。

　　神經可塑性會促進學習、記憶與習慣的產生。它讓大腦結構性、化學性地自我重組，以適應環境改變。在幼兒前期的大量迅速增長後，神經系統開始自我精煉。參與的神經通道在傳遞訊號上變得更好，其他很少用的神經元則生長遲緩、枯萎，最終死亡。舉些極端案例，例如在惡劣環境中長大的小孩，或是出生就失去視力或聽力的小孩，他們大腦某些相關區域可能從未發展，或是被用來支持完全不同的功能。另一方面，早期的腦部創傷可能透過生理系統得到補償，發展出出人意料之外的功能。比較常見的經驗是，學習第二語言或樂器，這可以加速神經可塑性，幫助大腦準備好面對記憶相關的任務或挑戰，甚至幫助你更好進入老年生活。現在你對於自己神經系統的適

應能力，以及你的想法、行為和習慣的生理輸入能力，應該是印象深刻！

多巴胺及其效果

為了發展正向成癮，你需要放下某些負面自我對話，並且了解到，我們的大腦對於改變習慣這件事有它自己的想法！與其自責，還不如暫停下來，思考一下那個友善的小小神經傳導素——多巴胺（Dopamine）。

多巴胺是中腦邊緣系統使用的主要化學訊號，中腦邊緣系統是用來調節動作、愉悅與動機的神經迴路。中腦邊緣系統同時也與前額葉皮質的溝通有關。前額葉皮質是負責調節執行功能，比如專注力、衝動控制、工作記憶以及任務轉換等。把這些組合在一起，成了一個「獎賞迴路」的次結構，讓我們能引導自己的專注力與能量，朝向愉悅經驗，在一般情況下，這對我們很有幫助。因為食物與飲料導致多巴胺的釋放，會讓我們「感覺很好」，這讓我們更想吃喝飲食，從而確保我們的生存。

多巴胺在獎賞迴路中的確切位置與數量，也會影響每個人動機的強弱差異。透過正子斷層掃描（PET scan）的大腦映射技術，研究學者已經發現那些所謂的「力爭上游者」，他們努力工作朝向獎賞前進，他們的頭腦在一個稱之為「腹側

紋狀體」的次結構中會釋放更多的多巴胺（Treadway & Zald, 2015）。的確，在醫學實驗裡對紋狀體注射多巴胺藥劑，會讓研究受試者為了較不確定、較大的獎賞（如金錢）而更努力工作。相反地，那些不願意為了獎賞而更努力工作的人，則在另一個稱之為「前腦島」的次結構中，有較高的多巴胺水平；他們選擇摘取掛得較低、比較確定的果實。紋狀體與前腦島都仰賴多巴胺來運作，而他們兩者對於我們想要發揮自己的實力，是有完全相反效果。這兩者顯示多巴胺不僅對於我們在「獎賞」活動中體驗到愉悅是必要的，它對於我們在一開始喚起想要獲得獎賞的動機也是必要的。

到底什麼是成癮？

有時候衝動、愉悅及動機會失控。我們的理智心智會被更大更好的獎賞所遮蔽，而變得盲目。成癮藥物透過刺激釋放大量多巴胺、阻止回收，或增加接收神經元的樹突分支，直接在獎賞迴路上產生效果。隨之而來的能量暴衝將之前的行為強化到一種「不合理」的程度，同時各種感受互相競爭，都想要被感受到。我們現在了解到，人們會發展並維持強迫行為，儘管這些行為都會對健康、關係及穩定生活帶來許多負面後果。在惡性循環中，我們可能變得像實驗室裡的白老鼠，牠們眼前有個裝備是可以自行給予超級愉悅的大腦電擊裝置：當牠們經驗到按下桿子的超級愉悅感覺後，牠們整天不停地按著桿子，

一小時上千次，甚至放棄了食物與水。簡單來說，相關證據指出，所有成癮行為都有一個神經生理基礎，無論是藥物成癮或行為成癮（古柯鹼或賭博）。

動物研究已經發現，使用特定藥物如鴉片、興奮劑以及酒精，會造成神經生物改變（Koob & Simon, 2009）。在這些研究中，我們看見特定的神經傳導素可能被阻斷傳遞，而其他神經傳導素的接受器可能變得過度敏感。當大腦裡獎賞成癮行為的同一個次系統缺乏足夠神經傳導素時，將導致一個人整體性的缺乏動機。而成癮者的神經生理系統開始對這個受到抑制產生反應，就像是面對巨大壓力時的反應一樣。生理結構與功能逐漸將衝動行為轉變為強迫行為。換句話說，我們成癮的力量與對成癮的「控制」能力會遠遠強過個人的意願與意志，對我們的生活造成影響。

負向成癮是一種大腦的慢性疾病，改變我們對獎賞、動機、記憶及執行調節力的敏感度。大腦結構裡四個關鍵區域若失去功能，會導致特定的生理、心理與社交病症（腹側背蓋區、伏隔核、杏仁核以及前額葉皮質）。任何一個外在刺激或內在想法，會因為重複的愉悅經驗變得敏感，這會佔據個人的所有注意力，造成一種渴望。結果是，個體會帶有病態的動機去追求獎賞，透過藥物濫用或其他行為而得到紓解。負向成癮通常包含復發與緩解的惡性循環，大多數人在某個片刻可以分辨出這個模式，無論是與糖或是與毒品有關：我們發誓要停止，甚至透過別人幫助而停止，我們會停止一段時間，

然後再犯同樣錯誤。我們會說，「我沒有成癮」。事實上，這就是成癮的定義！一開始「頭腦被單一渴望佔據／期望美好感覺發生」，隨之而來是「想要維持剛好的攝取量，結果行爲失控」，然後在戒斷時期產生「負面情緒」（Koob & Simon, 2009）。

　　我們簡單思考一下習慣是什麼──一個你幾乎沒有控制能力的重複行爲。這是負向成癮的一種形式，而隨著這個壞習慣而來的是你不想要的行爲，有時候會造成麻煩。

　　你在早晨真的需要那杯濃縮咖啡來讓自己動起來嗎？就算電視新聞讓你感到焦慮，你還是忍不住要看？你是個「總是擔心許多」的人嗎？你會咬指甲嗎？在床上吃洋芋片？在半夜上網購物？如果你在以上問題中有回答任何一個「是」（實際上還有數以千計可以問的問題）那麼──新聞快報！──你很可能已經負向成癮了。你的成癮可能微不足道，沒有生命威脅；但是，它還是一個成癮，有些事情不在你的掌控之中。你有「習慣」，再次強調，成癮就是習慣──一個控制你的習慣。成癮，無論戲劇化呈現或枯燥平凡，都有相同模式。

展望未來

　　關於成癮的神經生理學訊息，說明了你可能對目前的狀態沒有全然的掌控，無論是努力想要移除一個負向成癮習慣，或

是發展一個正向成癮活動。但稍等一下！這也是個好消息！如果我們無法僅僅只是依靠所謂的「意志力」來運作，那我們就應該要減少個人動機上的焦慮程度。當你試圖要移除負向成癮或達成正向成癮，有些因素是不在你的掌控之中！

　　然而，這些訊息是要告訴你**該如何**行動，而不是限制你，讓你無法行動。無論神經生理學說什麼，都要繼續前進，圍繞它工作，與它一起工作，或是解決它！對自己慈悲，同時積極主動——這是很棒的組合。

　　記住，當學習一個新的任務，大腦會在多個區域激發，並使用大量的能量。然而，當這個任務變成習慣，要繼續執行任務只需要少量的大腦活動。當我們談到正向成癮以及聚焦在最佳生活時，這種高效能的狀態是我們最好的朋友。

　　此刻，你可能（像我們大多數人一樣）有個癮頭，正在逼迫你做你覺得不好的事。然而請注意，你可以翻轉情勢，發展出某些好的東西，讓它們幫助你，而不是對抗你！你可以讓成癮為你工作。接下來，我們探討一下這是什麼意思，以及如何進行。

【第三章】

成癮與基本
需求心理學

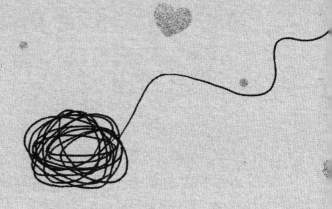

讓我們更深入探討成癮在生活中扮演的角色，如何知道自己是否有成癮的問題，並了解成癮背後的目的是什麼。

DSM-5 關於成癮行為的描述

讓我們從《精神疾病診斷與統計手冊》第五版，一般稱為 *DSM-5*，來探討一些普遍觀點。當你閱讀以下清單，問問自己其中是否有任何一項或幾項適用在你身上。

☐ ⑴ 比你想像中使用更大量或更長時間的成癮藥物。

☐ ⑵ 你試著要減少或是停止使用成癮藥物，但就是戒不掉。

☐ ⑶ 花很多時間在取得、使用或戒斷成癮藥物。

☐ ⑷ 渴望、有種衝動想要使用成癮藥物。

☐ ⑸ 即使已經造成人際關係問題，還是持續使用成癮藥物。

☐ ⑹ 因為成癮問題，而無法維持工作／家庭／學校的日常生活運作。

☐ ⑺ 即使已經造成危害，仍持續使用成癮藥物。

☐ ⑻ 就算知道這個成癮會造成身體或心理問題，或使問題持續惡化，依然持續使用成癮藥物。

☐ ⑼ 因為使用成癮藥物而放棄了重要的社交／工作／娛樂活動。

☐ ⑽ 發展出退縮退化的症狀，只要使用更多成癮藥物就會感到放鬆。

　　根據 *DSM-5*，使用（成癮）藥物患者的嚴重程度可以分為以下幾種：兩或三種症狀歸類爲輕度藥物濫用患者，四或五種症狀歸類爲中度藥物濫用患者，六種或六種以上的症狀歸類爲重度藥物濫用患者。誠實地了解自己在哪個程度，是踏出改變的第一步。

為什麼成癮的人是我？
（為什麼是某些人而不是另一些人）

　　經常聽到的說法是：「我是好人。我有個好的生活。爲什麼要逼我面對這些問題？」很多有成癮問題的人（記得，我們每個人或多或少都對某些東西成癮），感覺他們的人生怎麼這麼不公平。成癮對某些狀況是種解藥，但那是什麼呢？根據安東尼・羅賓（Tony Robbins, 2007）的說法，每個人都有六種人生基本需求，所有的行爲都是爲了滿足這六種需求。

　　每個人與生俱來的的六種基本需求：

安全感：一種確保我們可以趨吉避凶的需求。

不確定性／多樣性：想要改變，想要面對未知，想要新刺激的需求。

重要性：感覺自己是獨特的、重要的、特別的，或是被需要的。

連結／愛：強烈親密感的需求，與某人或某事合而爲一。

成長／才能／了解：一種學習、成長、發展的需求。
社會貢獻：一種服務的需求，聚焦在幫助別人，給予別人、支持別人。

　　如果我們想要快樂、健康，一個前提是：滿足這些基本需求。

　　失功能的成癮，會讓我們無法持續滿足這些基本需求。當我們試圖要滿足這些基本需求卻失敗時，我們就會想讓自己安逸些，或是退而求其次，滿足較小的需求；或是用一種特殊的方式，比如透過負向成癮來滿足自己。記得，你的大腦會給予這些努力「獎賞」。了解你自己的基本需求，並且知道在任何時刻你想要滿足的是什麼，可以幫助你脫離失功能的行為（負向成癮），並進入一個正常運作的行為（正向成癮）。

　　回到「為什麼成癮的人是我」這個話題，這個問題的答案極可能隱藏在我們其中一項或多項未被有效滿足的基本需求裡。要了解你的基本需求是否被滿足，以下的「行動表現計畫」列出五個問題，如果誠實回答，可以在你的人生藍圖上看到許多重點。不用擔心你回答的細節是否正確，這只是幫助你腦力激盪，讓許多想法流動起來。

行動表現計畫

⑴ 在這六種基本需求裡，你最看重哪一項？

_____

_____

⑵ 你如何透過工作、玩樂或家庭生活來滿足這些需求（不管
　是以正面或負面的方式）？

_____

_____

⑶ 你如何聚焦在增加成長（第五項）和社會貢獻（第六項）？
　比如，你可以做些什麼不一樣的事情，或是增加一些新的
　經驗，幫助你擴展這些領域？（不用執著在「對的答案」
　上面，讓自己自由流動思考。）

_____

_____

⑷ 你可以找到哪些負面行為，與這六項基本需求有關？

_____

_____

(5) 你可以如何改變／移除這些負面行為？

_____

_____

平衡行動

　　有責任感是件好事。但是如果你的生活全部都是責任感，那就有問題了。當然，如果全部都是玩樂，那也有問題。如果你是一個理智的人，所有的事情都講求事實，那還是有問題。問題在於，你該如何創造一個平衡的生活，以滿足所有基本需求？

　　安東尼・羅賓在基本需求上做了很多研究。你有連結的基本需求，有安全感的基本需求，有對社會貢獻的基本需求，有想要學習成長的基本需求，有追求靈性的基本需求，有冒險享受快樂的基本需求。如同我們之前提到的重點，安東尼・羅賓說人們都有六種基本需求。下頁的圖可以幫我們更清楚了解這六項基本需求與你的關係。在這個六角形裡面，你可以尋找並評估自己基本需求。舉個例子，如果你過度看重安全感，你可能永遠不會冒險；而如果你生活太多冒險，你可能找不到安全感。所以，在六角形的平衡中心，你的正向成癮活動需要滿足自己娛樂、連結和靈性的需求。當你在思考你的正向成癮會是怎麼樣的狀況時，考量一下它在滿足哪個基本需求。

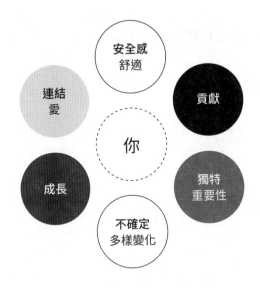

圖表 3-1·你與六個基本需求

　　現在我們對於成癮有個概括了解，讓我們看一下正向成癮和負向成癮的重大差異。

什麼是負向成癮？

　　基本上，負向成癮是一種失控的行為，會提供立即的滿足，但是長遠看來（甚至短期看來也是）有害無益。儘管繼續這種行為對當事人以及周遭親朋好友都會帶來負面後果，但當事人就是停不下來。

這會對你造成什麼影響？

你想要快樂嗎？

　　心理學家亞伯拉罕・馬斯洛（Abraham Maslow, 1943）假設每個人都想要快樂。問問你自己，你究竟有多快樂。你會做些事讓自己快樂？還是讓別人快樂？你會做自己喜歡的事，還是你試圖取悅別人？你的生活是一系列自信的決定，還是經常要妥協、配合別人？

展望未來

　　有些事最好是透過行動來學習，而不是知識上的理解。建立正向的成癮，需要準備工作，也要直接行動。以下的練習能幫助你體驗到，一個小小的改變如何產生滾雪球般的效應，累積正向改變，變得越來越多（而不是過往越來越少的螺旋向下）。

｜活動 1｜

生活漣漪

活動目的：呈現一個視覺畫面，讓你看見你所做的小改變如何像漣漪效應般擴散到整個生活。

(1) 參考第一章的「快樂測驗」，找到一個最適合你目前生活的描述。

(2) 想像一顆小石頭掉進一個光滑的水面。你可以看到這個漣漪如何從中心向外擴散嗎？謹記在心，你要創造一個同心圓，想像這個正向的擴散效應，並連結到你生活中的特定情境。用下面的空白頁，或是找到一張白紙將它畫下。

　　假設你的問題是「睡眠不足」。正向版本就會是「足夠的睡眠」。這個事實會變成你圓圈的中心點，漣漪會向外一圈圈擴散出去。換句話說，「足夠的睡眠」會帶來一個起床時的好心情，進而你會感覺較不煩躁，接著（下一圈）是與家人有更多愉快的互動，接著是小孩子在學校感覺快樂……。你從一個簡單的開始，一個小的中心圓圈（小石頭落下的地方），然後加上一個又一個擴散的圓，指出移動方向，從小小的特定改變導致更大的改變，一直延伸出去。

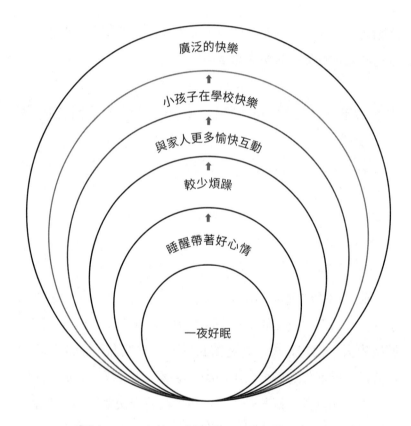

圖表 3-2．小的正向改變，創造更多正向改變

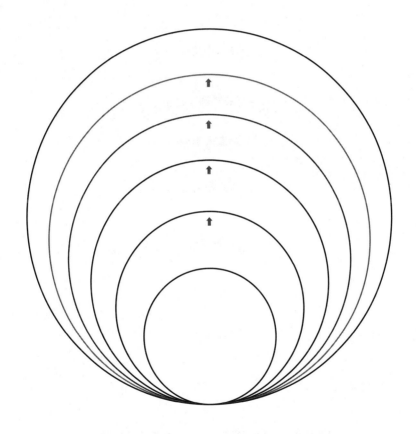

(3) 接著，在下頁的空白頁畫一個類似的圓圈或是「漣漪」，
但這次在中心圓圈寫上負面行為。漣漪將反映出從中心圓
圈開始的影響。舉個例子，這次在中心點寫下「整夜失
眠」。

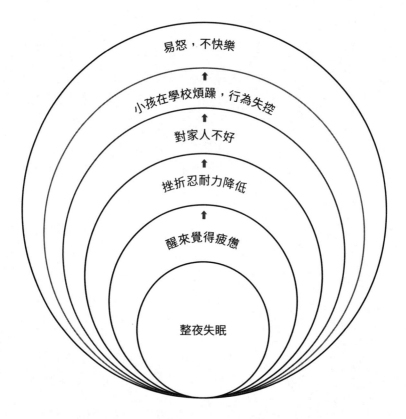

圖表 3-3 · 負面行為，創造更多負面行為

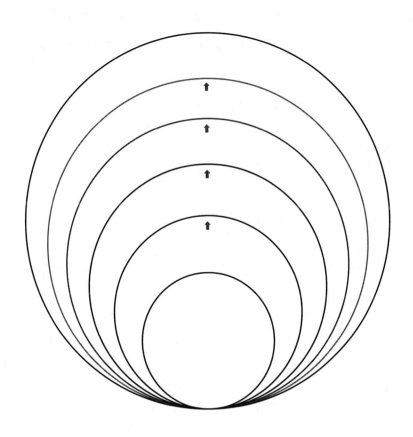

⑷ 注意看看每一圈是如何擴散，不論是正面或是負面的行為，都會在生活其他層面擴大，並影響到你周遭更多的人。就像在水面上的漣漪，你的狀態或是正向改變會加倍擴散向外（負面行為也是）。

⑸ 把這個理解運用到培養一個正向成癮活動的概念上。你想要在生活裡感受到怎樣的漣漪？讓你的想像力帶你去到那個美好的地方吧！

｜活動 2｜

泰迪熊或老虎

活動目的：檢視個人行為，深入了解什麼會激怒自己。

(1) 我們都有兩個面向：有些時候我們是泰迪熊，有些時候我們是老虎。你可能在新的環境裡會是泰迪熊，感到膽怯害怕，當你被激怒或是生氣時，可能變成老虎。用下一頁面，或是拿張白紙在中間畫條線分成左右兩半。左上方寫下泰迪熊，右上方寫下老虎。

(2) 計時五分鐘（不要超過五分鐘）。腦力激盪你何時／為何會符合這兩邊的其中一邊，然後在對應兩邊寫下關鍵字。在我們剛才提到的例子裡，「新的環境」會是座落在泰迪熊這邊，令你「生氣」的狀況會在老虎那邊。不用想太多。快速、自發性地想到什麼就寫什麼。

(3) 當計時時間到了，檢視一下你的清單。找到分歧的地方，或是特別顯眼的部分。或許一邊清單比另一邊長，或許某一邊的關鍵字有著共通特性。

(4) 思考一下你可以從這個快速清單學習到什麼。你會說自己是泰迪熊多一點，或是老虎多一點？這個清單如何影響你建立正向成癮行為，或是影響你處理負向成癮？在我們舉

的例子裡，去上表演課對於泰迪熊（膽小退縮）面對新環境會有何幫助？

泰迪熊	老虎

你可以思考一下

　　先不要回頭翻看這一章的內容，思考一下以下問題。如果你卡住了，跳過那個問題，最後再回頭檢查。這個目的不是要去看你所不知道的事情，而是去看你記得什麼，什麼東西可能在未來對你有幫助。記在腦海裡的事實我們可以容易獲取，當我們需要幫助時，這就是很好的支持。

⑴ 基於你對正／負向成癮的了解，你現在的狀態。是正向成癮或是負向成癮？

_____

⑵ 回想一下我們人類的六項基本需求，指出對你而言最重要的一到兩個項目。

_____

⑶ 快樂問卷裡的哪一項，或是哪幾項，你記得很清楚？有什麼東西會刺激你去思考你的快樂或不快樂程度嗎？當你對自己坦承時，是否會感覺鬆了一口氣？

_____

⑷ 當你想著沒有時間去建立正向成癮時，你有辦法開始想像一條出路嗎？如果你朋友向你解釋為何她沒有時間照顧她

自己，你有辦法說服她其實是有方法的嗎？

---

(5) 跟自己說話，就好像你在跟老朋友說話一樣，你是否可以
看見為什麼這是個好的觀點，而為什麼現在正是一個對的
時機點？（有些時候，當我們在看別人的處境時總是比較
清楚，旁觀者清！）

第四章

正向成癮：
你該如何選擇，該期望什麼？

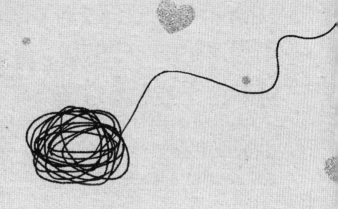

過度沉溺於任何事，

即使是像水這樣純粹的事物，都可能中毒。

——克里斯・佳米（Criss Jami，詩人），〈維納斯在懷裡〉（Venus in Arms）——

　　就像我們之前說的，成癮是一種對藥物、對活動或是對行為的依賴。成癮的人或多或少失去了對自己行為的控制能力。成癮可以是正面或負面的，其好壞一部分決定於使用的藥物、活動或行為本身，另一部分取決於成癮所造成的後果。比如，抽菸是一種成癮，而抽菸的習慣真的沒有任何正面的價值（除了短暫的放鬆感覺之外）。菸本身也是負面物質。另一方面，我們認為跑步是正面的，這個行為本身並不是負面的，但也有些人會運動到負向成癮的程度，運動本身阻礙了生活其他面向發展與健康。強迫式的運動（只是舉個例子）不應該跟我們這裡所講的正向成癮混淆。一個正向成癮習慣，指的是一種健康，對生命有正面影響的習慣，它給人從一種苦悶的勞動轉變成愉悅的感覺；不是阻礙，反而是增益生活的其他面向。

到底什麼是正向成癮？

　　當你遇到你的正向成癮活動，你一定會認出來，因為它是一件令人如此愉悅的事，會提供你一個機會，體驗到個人強項、自信心以及整體幸福感。

　　回到葛拉瑟關於正向成癮的概念，正向成癮是一種健康的習慣性活動，會讓一個人生活更豐富，減少焦慮，並能夠更好地掌握自己的人生。基本上，正向成癮創造一個機會，讓你從不同的角度看事物，最終，你會感覺「太棒了！」然後，葛拉

瑟進一步說，我們可以透過一天一小時的生理或心理練習達成
這些美好感覺。深入來說，如果你停止了正向成癮的活動，可
能會造成生活的萎縮，就像是任何成癮一樣。

　　葛拉瑟的研究結論基本上是根據跑步者而得到的。他發
現透過一天至少跑步一小時，人們可以獲得一種不同於他們工
作身分的認同。（你可以看到這對工作狂而言是多麼有用的訊
息。）

如何設計專屬於你的正向成癮活動？

　　我們先前有談到，一個正向成癮活動的設計藍圖包括了父
母建議、成人知識以及小孩熱情，可想而知，它還會符合基本
需求，就像我們上一章提及的安東尼・羅賓的理論。然而，因
為人們總是過度滿足他們的基本需求（做太多），「平衡」這
個概念必須一併考量。

　　找到或維持平衡，是成功地「滿足需求」所不可或缺的一
部分。所以，如果說我每天早上跟朋友一起走路一小時，幾乎
都不缺席。這樣我就滿足了我連結的需求、健康的需求，同時
我也建立了一個可掌控的時間框架，用一種好的方式展開美好
的一天。這就是一個平衡的畫面。

　　當然，每個人對於什麼是「健康」，什麼是過度的，定義
都不相同。平衡是我們的羅盤指標。你所看到的觀點跟我所看
見的是不一樣的。

傑夫說：

　　如果我錯過一天，沒去運動，我不會懲罰我自己。如果你錯過一天，那也沒關係。但我比一般人運動更多。一般人不會說他們一星期運動七天——他們也不需要這樣做。這是我的參考標準，跟你的參考標準不一樣。同樣的部分是我們都聚焦在正向成癮活動，而保持平衡是關鍵元素。

　　每個星期天，當我在城裡，我會騎單車去運河邊一個半小時。這是一個在城裡的正向成癮活動——每個星期天早晨第一件事是騎著單車去運河邊。我在星期天早晨騎單車的原因是，要去到運河邊，通常需要進入車流中。如果我星期六騎單車去運河邊，交通非常擁擠，但是星期天就沒有交通擁擠的問題，所以我在星期天騎單車去運河邊。這是一個正向的成癮，同時也滿足我對於安全感的需求。有很多的交通意外，而我不想要有單車意外，所以我詳細思考著如何創造一個平衡的正向成癮活動。

　　好的，我有這些正向成癮活動（幾個互補的成癮），我再加一個。我很幸運的在我的心理專業領域非常成功。工作也是我的正向成癮活動之一，但是這個成癮沒有其他部分來維持平衡，它單獨存在，所以我經常翻轉到工作狂的那一面，導致工作變成一個負向的成癮活動。

正向成癮的解析

根據葛拉瑟（Glasser, 1976）的理論，正向成癮有六個評判標準：

- 不是競爭性的。
- 一天只需花大概一小時就可以完成。
- 做起來不需要太費勁，不需要花很多精力。
- 參與的人會覺得很有價值。
- 個人相信持續做下去，就會看到進步，然而「進步」是每個人自己的定義。成功是依據個人主觀角度。
- 當你去執行這個經驗時，會感到自我接納，不會自我批判。

當你跟以上的六個標準同步時，你會更好地選擇，並開始享受你的正向成癮活動。同樣地，覺察到以下兩個正向成癮的「類別」會幫助你選擇最適合你的正向成癮活動，符合你的生活風格和需求。記住，我們現在僅是描述正向成癮，還沒有提到如何建立它。那個部分還需要一些努力！

正向成癮的活動，可以是心理的，
也可以是身體的：

心理活動：需要特定思考模式，學會新技能，或是心智的專注力活動，例如學習新語言、深入研究寫作技巧，或是成為西洋棋高手。

身體活動：需要身體移動的活動，例如運動、跳舞或打球。

請記住，本書作者相信同時進行兩個相反或互補的正向成癮活動（一個心理層面、一個身體層面）是完全可能、「甚至非常好」的事情。例如跑步的時候同時學習新語言。

如何選擇！

正向成癮的選項有無限多種可能性，因此，要找到最適合你的，可能很困難。你在選擇的時候，提醒自己什麼對你自己是最好的，不論是心理的或是身體的，或是兩者都有。為什麼要心理的部分？它可能會平靜你的心，讓你的靈魂安歇。你知道有很多囚犯學習織毛衣嗎？因為這個活動耗費時間，會產生創造力，也會讓心智平靜下來。

為什麼需要身體的部分？不論你是幾歲，有什麼能力，或是有什麼經驗，身體活動都可能增進身體健康，讓人感到幸

福。我們知道有些囚犯會在自己的牢房裡做運動。運動會幫助一個人專注，同時感覺自己對於生活有掌控能力。

　　你會希望你的正向成癮「跟你待在一起」。它不應該支配你生活的一切，但是是生活整體的一部分——一個甚至不需要思考就每天都自動自發去做的事，就像每天早上刷牙一樣。你所選擇的活動應該是對你的生活明顯有益無害（像是你終於學會說法語了），對你的整體生活有幫助，或許對其他人來說效益並不明顯，但你自己心知肚明那幫助很大。

　　在下一頁探索一下你的清單啓發你寫下更多。你會花些時間做出明智的選擇，意味著你會全盤考量，包括你的經濟狀態、身體狀態和你的每日行程。問問你自己，這個活動是否讓你的生活更美好。如何更美好？你能不能預測到下星期你會變得多麼有自信？你願意試試看嗎？

一些幫助你開始的正向成癮項目

- 跑步 / 走路 / 登山 / 騎腳踏車 / 玩帆船
- 收集郵票 / 收集硬幣 / 收集中古世紀藝術品
- 縫紉 / 裁縫 / 針織 / 剪貼簿
- 園藝 / 賞鳥
- 唱歌 / 音樂
- 繪畫 / 寫作 / 跳舞
- 學習語言 / 研究歷史
- 洗碗盤 / 重量訓練
- 玩拼圖 / 下象棋
- 在甜點廚房工作 / 製作毛毯送給有需要的孩童
- 演戲 / 即興表演 / 單口相聲
- 瑜珈 / 太極拳
- 靜坐 / 冥想 / 正念 / 靈修

你如何堅持下去？

　　拳王穆罕默德‧阿里（Muhammad Ali）曾說：「我痛恨訓練時的每分每秒，但我告訴自己，不要放棄，現在忍受痛苦，然後以後就可以活得像個冠軍。」

　　有價值的東西都不會是輕易獲得的。這是簡單的真理。假裝不會帶給你任何優勢。然而，當你衡量發展正向成癮活動所需要付出的代價，你很快會發現「輕鬆容易」是相對的。當你知道自己可以獲得幸福、自信心以及內心的平靜，接受一些挑戰就變得完全不是問題！絕對物超所值！

　　想想看你以前如何學習新技能——像是學騎腳踏車。當你跌倒時，爬起來，然後再試一次。最終，你會成功。這個甜美的果實是在很多層面上可以感受到的——自信心、榮譽、運動、連結、冒險以及更多——然後這中間你經歷過的挑戰就會逐漸被淡忘。新的冒險就像是這樣。

　　再次思考一下你所選擇的正向成癮活動，然後注意到：最終成功的祕訣不是在於你的意志力，而是動機。你是否有動力想要改變？而你的正向成癮活動是否支持你的改變動力？選一個看起來很可能會成功的活動。經過時間的淬煉，最初的承諾最終會一一實現。當然，中途會有障礙。你將會面對這些障礙。記住：事情可能會分崩離析，但這也給了我們一個機會，將它重整組合得更好。很重要的是，你要允許障礙變成你前進時可預期的一部分——而不是停止下來的藉口。

最終，有很多研究顯示，社交連結會強化個人改變動力。所以請持續留意朋友、家人或新同事是否跟你有共同興趣。當其中一人挫敗了，另一人可以鼓舞激勵！

周密考量眾多可能性

以下是一個快速作答題，幫助你開始找尋何適的正向成癮活動：

⑴ 我真的對這個有興趣嗎？

_____

⑵ 為什麼這個對我很重要？（比如：我想要好的外型；我想要思路清晰；我可以認識更多人；我喜歡戲劇，但是我小時候無法實現這個夢想。）

_____

⑶ 是否有個重要的身體健康理由？我想要感覺更好？

_____

⑷ 我會選擇這個項目，是基於什麼原因？因為我朋友；因為很適合我；因為我可以參與在其中；因為朋友想要跟我一起做；因為朋友一直盛情邀約等等。

(5) 我是否有這個項目所需要具備的條件（經濟上、體力上、精神上）？我有什麼資源可以幫助我達成目標？

(6) 既然我的理由是很充分健全的，我一天願意花多少時間在這項目上面呢？

(7) 我成功的機率有多少？我有多踏實？

(8) 我有什麼資源可以幫助我達成我所選擇的目標？

(9) 我可以現在就立即開始嗎？

(10) 我可以堅持下去嗎？有什麼其他合理因素是我應該考量的？像是天氣，或是其他變異因素（冬天無法打高爾夫；夏天無法做冰上滑冰；彈鋼琴會吵到隔壁鄰居等等）？

試衣間

　　好的，你擁有所有正當理由，想要發展一個正向成癮活動，你要從哪裡開始？以下是一個體驗式練習，讓你有個機會去「試穿」某些點子。或許有些衣服在衣架上看起來很美，一旦套在你身上，你可能發現需要做些修正。

(1) 擺出一個符合你的懷疑態度的姿勢，比如，擺出一個像是在暗示自己無法在正向成癮上堅持下去身體動作。看看這個動作看起來如何？或許你雙手在胸前交叉，或許你眼球向上翻。

(2) 擺出一個動作，就好像在說你的正向成癮是這麼有趣、這麼值得你去做。看看鏡子裡的自己，擺出這個動作，做個自拍（終於找到自拍的正當理由了！），或是找個人幫你拍照，找個方法記錄下來。或許你的肩膀是放鬆的，或許你的雙腳充滿能量，或許你雙眼散發光芒！

你能期待什麼？何時發生？

　　堅持正向成癮活動，就是創造精彩人生的康莊大道。

　　你會得到一種內在力量，支持你在個人和專業的道路上成長前進，同時也不會犧牲生活品質。有些人會因此第一次感

到內心平靜，他們會說這就像是一種進入催眠的美好狀態。在催眠裡，我們稱之為解離。這種圓滿幸福的狀態是透過你的正向成癮帶出來的，同時你能全然掌控自己的人生（不像負向成癮）。這真是太棒了！

人們對於改變總是滿心期待，卻往往在改變的效應產生之前就放棄了。他們可能自我破壞，把問題責怪別人，或是怪罪於小時候，而不是堅持下去。有些人可能用負面行為來麻醉自己，像是濫用酒精、食物或毒品。不過，一旦你選擇了正向成癮，並且展開行動，就可以看到自己從自我懷疑、悲慘、一事無成的沼澤裡脫困。

是的，一開始你可能很興奮要展開一趟新旅程，接著感受到不舒服或是挫敗，但是這一次，不是放棄或是責怪父母親，而是了解到，這些感受是改變的一部分──而不是與它分離！當正向成癮在你生活中佔有一席之地後，你就會發現負面感覺很快就會明顯消退。也就是說，你會覺察到這些負面感受，並且有效處理它們！保持這個願景（記得你的第二個動作姿勢），了解到在努力的終點處，你會看到自己是更堅強、更快樂的人！

正向成癮 vs. 負向成癮

儘管正向成癮與負向成癮有些面向是相似的，但是它們所

帶來的結果是完全相反的。要建立並維持負向成癮是很容易、簡單的事，要建立並維持帶來精彩人生的正向成癮，相對不是那麼簡單。有一部分原因是，人們習慣無意識地滑進負向成癮裡，而正向成癮是一種自我意識的選擇。

案例：談談喬治的情況……

　　喬治理解到他的工作狂態度和自我懷疑態度需要改變，所以在深思熟慮之後，他選擇了「運動」作爲他的正向成癮活動。他一開始很不情願（一點也不意外，他覺得自己沒有時間運動），儘管一天只花 10 分鐘運動。他第一週很辛苦，但是他堅持下去，抱持一絲成功的希望，他繼續堅持運動的習慣。

展望未來

　　以下的練習是用來幫助你準備好去擁抱新方法和新工具。改變，就算有很棒的動機，也有可能讓人暈頭轉向。因此，我們想要創造一些彈性靈活運用的空間，看見新的潛力，友善地朝向改變邁進。

｜活動 3 ｜

腦力激盪大爆發

活動目的：在選擇一個正向成癮活動之前，刺激「開放式思考」。

(1) 拿一支筆（和一張紙，如果你不想直接寫在書上面的話！）
(2) 運用以下的「關鍵詞」，一次寫一個詞，然後把它大聲說出來。然後把聯想到的任何內容寫下來。每個關鍵詞和後面的反應不要花超過一分鐘。以下是一個例子：

> 喜悅
> 感覺良好、很少遇到這種感覺、需要更多、找小孩、女兒、笑、身體健康、開玩笑、跑步、腦內啡、新鮮的空氣、大自然。

自我滿足

自我肯定

內心平靜

快樂

幸福感

成功

愉快

自信心

自我價值

(3) 在完成所有關鍵字之後，檢視一下你寫了什麼，看看哪個
關鍵詞最觸動你、最打動你。你可以把它記錄在下面。

(4) 參考前面第 X 頁的可能正向成癮清單，選擇一到兩個你覺
得與這個關鍵字的反應最符合相關的正向成癮活動。寫在
下面，以便參照。

舉個例子：「喜悅」這個關鍵字帶出許多反應，會跟正向
成癮裡的跑步息息相關。

最觸動你的關鍵字：＿＿＿＿＿＿＿＿＿＿＿＿＿＿＿＿

適配的正向成癮活動是什麼：＿＿＿＿＿＿＿＿＿＿＿

＿＿＿＿＿＿＿＿＿＿＿＿＿＿＿＿＿＿＿＿＿＿＿＿＿

＿＿＿＿＿＿＿＿＿＿＿＿＿＿＿＿＿＿＿＿＿＿＿＿＿

| 活動 4 |

是的，但是㈠

活動目的：認清那些阻礙我們朝向正向成癮前進的反對聲音和
理由是多麼愚蠢。

⑴ 把每個開頭句子唸出來，然後很快速不加思考地，運用直
　覺把「是的，但是……」句子講完。牢記在心，你的句子
　完成必須是正向的，就算這聽起來很蠢，不合理。以下是
　一個參考的例子：

我在工作上完全沒有任何空閒時間。
　是的，但是　　我可以透過……找到一些時間。
　是的，但是　　反正我也沒有其他事要做。
　是的，但是　　這個工作讓我賺很多錢。

以下的部分你可以練習如何回答。

我現在的生活模式沒問題。
是的，但是＿＿＿＿＿＿＿＿＿＿＿＿＿＿＿＿＿＿＿＿

＿＿＿＿＿＿＿＿＿＿＿＿＿＿＿＿＿＿＿＿＿＿＿＿＿＿

我有時候也有些快樂。

是的，但是_____

_____

我的家人知道我必須工作到很晚。

是的，但是_____

_____

我不快樂或是鬱悶時就喝酒。

是的，但是_____

_____

我過著平靜的生活。

是的，但是_____

_____

(2) 選擇一或兩個你覺得最有趣的直覺反應，然後思考一下這些有趣的反應如何幫助你選擇你的正向成癮活動。例如前面的例子：「我的工作沒有任何空閒時間。是的，但是我可以找到一些時間，如果我準時下班，並且直接開車回家／去健身房／去操場上跑步／去上西班牙語言課。」

---

(3) 花些時間思考一下你寫下的所有直覺反應，我們知道直覺反應通常會給我們一些線索，幫助我們了解生活正在發生什麼，以及改變的可能建議。

你可以思考一下

(1) 關於我的正向成癮，「千里之行始於足下」是什麼意思？

_____

_____

(2) 對我而言要保持動力的最大挑戰是什麼？

_____

_____

(3) 我寫下的點子中，有哪些可以幫助我保持動力？

_____

_____

(4) 我讀這本書到現在，我覺得在我開始正向成癮時，會感受
　　／遭遇什麼？當我進一步投入在其中時又會遇到什麼事？

_____

_____

⑸ 我知道每個人都有些負向的成癮。我有哪些負向成癮可能
　影響我的正向成癮？

_____

_____

_____

【第五章】

負向成癮：打破束縛

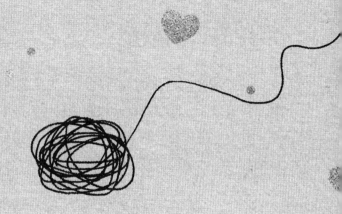

要種一棵供人乘涼的樹，

最好的時機是二十年前；

次好的時機是現在。

──中國諺語──

　　由於大多數人對負向成癮比正向成癮來得更熟悉，加上我們必須先處理負面部分才有空間留給正面部分，因此，在這一章裡我們將聚焦於負向成癮。

常見的負向成癮

　　關於成癮這個主題，通常最先想到的是藥物濫用，但其實還有很多其他種類的負向成癮。有些人是電玩成癮、網路成癮、社交軟體成癮與賭博成癮等等。另外還有情緒成癮以及性成癮（這兩者是經常被忽略或誤解的類別）。

你是情緒成癮者嗎？如何知道自己是不是？

　　我倆之間只有原始的情緒，其他沒有了；這是如此令人痛苦，但有一種甜美的刺痛教人上癮。

　　　　　　　　　　——彭內洛普・弗萊徹（Penelope Fletcher）

　　到目前為止我們都在討論對於某一樣藥物或行為的成癮；人真的可能對某一種情緒上癮嗎？魯比諾（C. Rubino, 2013）認為人們在經驗負面事件後，會對這些事件加以詮釋，然後創造一個通用原則，用它來塑造個人感知。

　　然後，我們用以下三種情緒——生氣、害怕、悲傷——的

濾鏡來看世界。換句話說，我們會對這三種情緒成癮。

生氣：呈現方式是突發的暴怒、情緒搖擺、挫折容忍度低。它可能顯露出不滿意、失望、憎恨。

害怕：呈現方式是對自己或他人缺乏信任、猶疑不決、無法做決定、懷疑、焦慮，甚至是拖延或逃避。

悲傷：可能展現為冷淡、漠不關心、無助或自卑。想法上感覺這杯水總有一半是空的。

情緒成癮不僅是讓世界變了色調，還可能成為絆腳石。當我們面對人生難題時，會用這個熟悉的框架來處理一切。過程中，我們可能被阻擋以致無法前進，或是困在一個痛苦的無限循環，無法脫身。隨時保持對情緒地覺察有益身心健康，記得檢查自己的整體狀態，並評估自己對負面情緒有多少依賴。下面的提問將能幫助你更清楚你的情緒「設定值」。

你是情緒成癮者嗎？

　　思考一下你對以下 10 個問題的答案，評量自己是否有情緒成癮的可能性。如果你誠實作答，發現自己的反應多是負面情緒或負面行為，應把它視為情緒成癮的警告訊息。

(1) 早上剛起床時你感覺如何？你是感覺放鬆？充滿壓力？還是感到無力？

_____

(2) 你經常想起怎樣的事？早上腦海裡浮現的是？晚上腦海中出現的是？（死亡？疾病？如何變快樂？）

_____

(3) 當你體驗到糟糕的感覺，通常這個感覺從哪裡來？（過去的失敗？對眼前情況的焦慮？對未來的擔心？）

_____

(4) 當不順遂的事發生時，你會怎麼反應？（帶著負面行為或負面思考？還是你會樂觀地忽略它？）

_____

(5) 你有多常覺得日子「一切好像都不對勁」？

_____

(6) 你通常對新奇的挑戰情況會怎麼反應？

_____

(7) 你的朋友或家人是否認為你「脾氣火爆」？你是否認為自己很容易動怒？

_____

(8) 你是否很容易哭，而且常在不適當的時機？

_____

(9) 你是否因為別人的悲傷和沮喪而受困情緒當中？還是你經常能夠給予同理、支持並且繼續向前進？

_____

(10) 你是否把很多情況看成是一個大災難？你是否經常想像最糟糕情況？

_____

　　上述一系列的提問，如果你發現有好幾個警示紅燈亮起，也許是時候，該切實地檢查你的情緒態度和行為了。在你嘗試追求新的正向成癮之前，或許你需要先尋求專業人員協助處理情緒成癮。但是，也有可能只是覺察到自己對情緒如何反應，你就能幫自己更好地處理情緒。

　　因為情緒成癮總是隱而未見（人們無法在自己身上或是別人身上看見這部分），它能在不知不覺間對你的人生產生深遠而負面的影響。所以培養情緒覺察力很重要。

什麼是愛情成癮？

　　如同海洛因成癮者追求的是藥物誘發的高潮感受，性愛成癮者也是狂熱於化學物質——他們自己體內的賀爾蒙。

　　　　——亞歷山德拉·凱特哈奇士（Alexandra Katehakis）

　　在 1970 及 1980 年代，「性愛成癮」的概念因為斯坦頓·皮爾（Stanton Peele）所寫的《愛與成癮》（*Love and Addiction*, 1975）一書而引起社會大眾關注。性與愛成癮匿名聚會（S. L. A. A.）承襲了戒酒匿名聚會的中心思想，舉辦十二步驟的課程。現在我們把性與愛的成癮定義為一種親密關係障礙，性愛成癮者會不斷想要和思考性愛行為和幻想親密關係的發生，這樣的念頭和行為對成癮者的正常人際關係造成障礙。

性愛成癮的準則包括：

- 花大量時間在獲取、從事性活動以及嘗試戒斷性成癮。
- 有種衝動要增加危險性行爲的強度、頻率和數量，如此才能達到想要的感受。
- 若是無法從事性行爲，就會經驗到痛苦、焦慮、煩躁的情緒波動，坐立難安。

愛情成癮的症狀包括：

- 無法對停止與某個特定對象碰面，即使對方對你而言是一種毀滅性的吸引力。
- 從浪漫感覺、性幻想或性誘惑當中得到「高潮」。
- 透過性關係來試著處理或逃避生活中的問題。
- 當自己的性伴侶或愛人不在身邊時，會感覺絕望或感覺生病。

　　所以，你是否認爲自己太老、太年輕、太重要、太聰明，或高功能運作，讓你不會體驗到負向成癮？

　　不論你是誰、是什麼身分，成癮都可能找上你。當一個人開始依賴某樣東西，這就是成癮！當這個依賴處於一種令人討厭的情況時——通常會造成很糟糕的後果——我們就把這個成癮定義爲負向成癮。人人都可能沾染負向成癮！不管你是依賴藥物，比如酒精，或是行爲，比如賭博，負向成癮都可能控制你的人生，不論你的人生是偉大或渺小。

我不想要成為一個成癮者！

　　沒有人想要成癮。但是在我們的生活環境裡有很多的潛在風險因素會誘發成癮，對某些人來說屈服比逃離來得簡單。

有哪些風險因素？

　　常見的負向成癮因素包括：
- 身邊（經常）有成癮者。
- 正在服用處方藥物，而這些藥物可能讓人成癮。
- 有生理或心理問題。
- 來自一個有成癮歷史的家族裡，或身處成癮家庭裡。
- 處於一種高壓職業或生活情境裡。
- 處於孤單、憂鬱或自怨自艾自卑的情緒裡。

　　我們知道，很多成癮者從青少年時期就開始了。年輕人最脆弱，特別無法抗拒毒品和酒精的誘惑。研究發現毒品成癮是一種疾病，當吸食毒品時，大腦的運作方式就改變了。毒品成癮者會忍不住誘惑再次吸食──他們對於這種魔力無法抗拒，就算會對身體和心理健康產生致命的影響，他們也不在乎。

　　當然，除了青少年，還有其他族群對成癮也沒有抵抗力。大部分負向成癮根源於煩躁不安、無聊、同儕壓力、自卑、感

覺自己沒價值、寂寞、憂鬱、焦慮、恐懼，以及失去控制感。以上這些問題在我們人生某些點上都會遇見，但對那些變成負向成癮者來說，這些感覺太過強烈而且無法控制。

　　成癮是頑強的，但是我們能夠擊敗他們。就如同美國汽車大亨亨利‧福特（Henry Ford）所說：「不論你覺得你可以做到，或你覺得你無法做到，你都說對了。」

　　「每一次我都告訴自己這是最後一次……每一天都是最後一天……每一週都是最後一週……但是到現在……我還是繼續成癮……繼續成癮……繼續下去……」這些話對於一個成癮者來說就像是一個虔誠祈禱，希望有一天可以克服這個負向成癮。一旦當我們從習慣性思考中逃離，有些成癮是能夠被終止的，只要我們改變自我的內在對話───一個有計畫的祈禱。

體驗性練習：記住成功的時刻

⑴ 回想過去，當你……

　　當你養成一個新習慣，或者，

　　當你克服了一個困難阻礙／問題／挑戰……

⑵ 看著鏡子中的你。擺個姿勢，展現在成功過程中你的感覺如何。來張自拍照。再次體驗你當時的想法、感受和感覺，就好像你試著學習、試著前進、試著改變。或許你表情凝重，或者你身體搖擺。讓你的身體代替你「說話」，讓身體表達內在記憶。

(3) 再一次看著鏡中的自己。現在，擺著姿勢，呈現當你成功
　　做好那件事時，你整個人感覺如何。來張自拍照。重現你
　　真的成功當時的想法、感覺、感受。

　　改變從不是簡單的事，成癮者甚至很有可能對於放棄負向
成癮這個想法感到衝突，不想放棄。「我知道我應該停止，
但是我並不真的想停止……但是如果我不停止，我的人生將會
毀了……但是我享受那種快感。」這種惡性循環思考很常見。
處理的方法是堅決的下定決心要改變。完全沒有討論的餘地
──你必須做決定。

　　然後詳細地檢視自己──你如何處理壓力，你如何運用空
閒時間，你怎麼看待你自己，你都跟什麼樣的人交朋友等等。
這樣做，你就跨出面對負向成癮的小小一步；你小心翼翼地
檢視人生，所以在康復之前，你可以辨識出警告訊號和誘惑因
素。了解自己很重要。接受你的負向成癮是一種病症的事實，
而你開始想要──你真的想要──一個全新的「脫離負向成癮
的你」，比你想要的那個負向成癮多很多。使用你的「想要—
力量」跨出第一步；這會給你一雙展翅高飛的翅膀。

克服負向成癮的有效步驟

正向進擊

以下的活動／練習／步驟沒有固定順序。對你有用的，就去做！

- （在日記中）記錄下你的負向成癮：在什麼地點、何時發生、持續多久。讓這些細節浮上台面。
- 填寫一張損益表，試著用正向成癮來取代負向成癮。
- 寫下為什麼你想要改變的理由清單。
- 思考一下你過去所做的嘗試。把它們寫下來，同時記錄它們失敗的原因，什麼做法有效，什麼沒效？
- 思考一下（並列出）你生命中重要的事物，像是家人、朋友、事業、嗜好、健康、經濟上的保障。
- 腦力激盪一下：你有沒有什麼個人障礙——有沒有什麼事情阻止會你現在改變？或許工作上有很多壓力，因為人手不足；或許家裡有小寶寶讓你家庭生活壓力很大；又或許你現在手頭現金短缺。請你自己自由聯想。
- 腦力激盪一下：你擁有什麼個人資源——你擁有哪些可以幫助你順利改變的資產？或許你有情感上的支持，或者經濟上的保障；或許你想起曾經戒除其他壞習慣，或是能夠預見自己成功創造某件新事物。讓你

自己跳脫框架思考——你自己的限制框架。

- 想像一下你脫離了負向成癮。你會想到什麼？你感覺到什麼？你如何看待自己？如何看待別人？來張自拍照。
- 把家裡或工作環境裡所有的成癮誘惑移除——移除酒瓶、香菸、餅乾。
- 寫下某個你可以信任，對你有幫助的人。要求那個人誠實告訴你關於你的負向成癮，他／她的看法或感受是什麼。討論一下他／她可以如何支持你。
- 要求你身邊最親近的人（像是家人）提供支持。
- 要求你所屬的社群團體支持你。

　　如果你就像我們所說的，開始探索你的選擇，有意識地選擇改變，你就能改變。一開始，先想像你可以改變，然後收集證據支持自己，想像力就會開始生根，進入你的現實生活。有時候可以考慮接受心理治療，幫助你處理潛藏的問題根源或是病症的起因。（記得，成癮是一種痛苦的病症。）心理治療——就像其他所有外來協助——是幫助改變發生的資源。

　　以下有更多活動幫助你推動改變計畫。

正向生存策略

- 運用適當策略，比如心肺有氧運動，這會釋放「愉悅」腦內啡，減輕壓力、提升幸福感。（心肺有氧運動的例

子包括：慢跑、快走、跳繩。）

- 到戶外走走，享受新鮮空氣（就算下雨也沒關係）。眞的把大自然呼吸進來，用所有感官去感受大自然。

- 嘗試一種放鬆且讓身心平靜的運動，像是瑜珈或太極。

- 和你的寵物玩耍——丟顆球讓你的狗去追；模仿魚的樣子；拿條繩子跟貓玩耍。

- 聽音樂。閉上眼睛，試著用心聽，感受那個旋律，讓音樂裡的情感流經你。

- 讓四周充滿舒服的味道——香氛蠟燭、新鮮咖啡豆、花香味的香水。

- 回想一個童年快樂時光。閉上眼睛，回想起那個快樂回憶。或許是你和好朋友共度一個愉快晚餐；或許只是你獨自坐在沙灘上、坐在山間的小溪旁；或許你漫步在翠綠森林裡。不論你想到什麼畫面，讓自己全然待在那個畫面裡一會兒。

- 享受按摩。

- 吃點美味而天然的食物——一顆多汁的柳橙、一片酸甜的鳳梨，或是一盤新鮮蔬菜沙拉。

　　這些簡單的正向策略，只要你用心投入，都可以創造出平靜和放鬆的感受。它們可以幫助一個正在成癮戒斷者，或成癮者學習控制他們的癮頭，從誘惑當中脫離出來，而不掉入同樣的惡性循環裡。

成癮渴望的正向管理

- 首先要認清一個事實，成癮症狀發作時的渴望可以是，也將會是非常強烈的。我們要花很多力氣去避開那些誘惑你的人以及地點。比如，如果酒精是你的成癮，就避免去酒吧、俱樂部或其他容易取得酒精的地方。花些時間腦力激盪，把所有可能造成問題的人／地點都列出來。預防勝於治療！

- 建立新的連結。尋找會支持你從事正向成癮、阻止你繼續負向成癮的人／地點。

- 誠實看待自己，並且評估自己的負向成癮，因為（不論在什麼階段）我們很容易掉進否認和自我欺騙裡。換句話說，通常我們很容易就說服自己，說成癮並沒有像我想像中那麼嚴重，說服自己說：「我從明天再開始控制那個成癮問題。」

- 重新檢視你如何面對那個渴望（不僅僅是跟成癮有關的渴望）。當一個強烈的渴望衝動襲擊你的時候，你會怎麼做？怎麼想？有什麼感受？現在，腦力激盪想想看你可以運用哪些正向成癮活動來取代？寫下一個「替代方案」的快速清單，隨身攜帶。

- 跟你的親密朋友和家人分享你的對應策略。

- 一次一分鐘的時間，去感受那些非常強烈的渴望。看它們不過就是生命裡的高潮低潮，既可預期，也很正

常，然後消逝。換句話說，它們的出現一點也不意外。

- 記得，當你只想著負向成癮所帶來的立即快樂感受時，其實你只想到了一半。比如，當你執著在在一杯酒所帶來輕飄飄感覺時，你其實忘了（可能是故意忘記）隨之而來的其他負面感受，像是呆滯、後悔、羞愧與生氣等。

- 提醒自己要加強健康習慣，像是運動、充足睡眠、健康飲食，特別是當強烈渴望一波波衝擊時。在這種時刻，立刻問自己，我的健康習慣在哪裡，而不要屈服於那個渴望，試著激勵自己朝向健康習慣的方向前進。比如，當渴望啃噬著你的身心靈，試著吃顆蘋果、睡個午覺、出門散步，或是聽聽音樂。

不如人意的挫敗

當我們考慮到負向成癮的嚴重程度，以及它處處皆是誘惑的本質，即使是下定決心百分百要成功戒除成癮的人，也免不了遭遇挫敗。

克服的訣竅就在於超越這個艱難時期，繼續執行你原定計畫。我們要了解到，就算是最微小的挫敗，都可能產生巨大的心理衝擊。它們會讓你感到無助、失去控制，無法堅持下去。

因此……當這種情況發生，它也一定會發生。以下的提醒可以幫忙你重返正軌。

⑴了解到你是人；人類是很脆弱的，我們都會犯錯。

⑵停下來——檢視一下自己：你現在在哪裡？

⑶同意你自己再次重新開始——就是現在！重新承諾自己。

⑷紀錄你的挫敗。試著找到誘發因素。

⑸尋求支持，訴說，聆聽。

⑹練習！練習！再練習！

當你面臨挫敗，第一件事是停下來，然後，在這個暫停裡，採取所有必要步驟，避免情況加速失控。同時了解到每個人都會遭遇挫敗。挫敗不代表你就是一個失敗者；它們意味著你需要重新評估，再出發。

回到喬治的例子

到目前為止，我們那個工作狂加上自我懷疑的喬治做了個認真嘗試，去創造一個正向成癮活動（運動），同時他也正因跟負向成癮辛苦搏鬥而感到不堪負荷。他體認到他的自卑以及伴隨而來的憂鬱，加上他家人的成癮（歷史他父親有酒精成癮），使得他的戒癮之路更加困難。但是他並不打算因此而放棄，即使目前看來他每次都是進一步又退兩步，他仍堅持向前。

展望未來

　　以下的練習是用來支持你探索，對於多樣化行為保持開放，讓你可以去處理渴望與其他潛在問題。

| 活動 5 |

改變結局

活動目的：對每個句子寫下幾個自發性的結尾，這是用來訓練你的想像力。你會很明顯的感覺到每一個情況都可以有多種不同結局。

⑴ 朗讀句子的開頭，然後用三種不同的結局來完成這個句子。動作快，不加思索地寫下你的回應。以下是個例子。

當陽光閃耀……
我想出去玩
大家都很快樂
我的辦公室好熱

我嚇壞了，當……

_____

_____

_____

一切都很安靜，然後……

_____

_____

_____

這個噁心的生物……

_____

_____

_____

那真是完美的一刻，直到……

_____

_____

_____

我開始大笑，然後……

_____

_____

_____

⑵ 檢視一下自己不同的回應。哪些比較好？哪些更真實？哪些有點愚蠢？哪些顯得不負責任？請試著根據每個回應對你而言的真實程度來分類標籤。

⑶ 思考一下你想處理的負向成癮，或者你想追求的正向成癮。寫下幾個與它們有關的開放式句子，然後用幾種不同的方式寫下「結局」。讓你自己看看人生的道路可以用怎樣不同的方式展開。

｜活動 6｜

禪之花園

活動目的：運用另一個簡單技巧來克服過去的衝動習慣。

⑴ 拿一枝鉛筆（不是原子筆），在這本書的下一面或其他你
找來的紙上，畫一條彎曲弧線。再畫第二條平行的弧線，
畫第三條以及更多條；每一條平行於前一條線，距離相近
但彼此不相交會。創作出一幅禪的花園裡漂亮沙石的圖畫。

⑵ 當整張紙都畫滿了，用你的手指跟著那些線條移動，一遍
又一遍，持續幾分鐘。

⑶ 留意這個簡單練習帶給你的平靜感受。每當你感覺到壓力
以及伴隨而來的渴望時，你可以重複進行這個練習。

你可以思考一下

(1) 有哪三種情緒最常造成人們情緒成癮？而其中，我是否有對哪一種情緒成癮？

_____

_____

_____

(2) 學術研究裡關於藥物成癮和大腦間的關聯有什麼樣的看法？

_____

_____

_____

(3) 寫下關於負向成癮的「正向生存策略」，越多越好。翻回前面複習一下有哪些策略你忘記了，思考一下為什麼有些策略比較容易記得，而有些容易忘掉。是因為其中一些策略你比較有共鳴嗎？

_____

_____

_____

_____

(4) 問問自己，如果我遇到一個挫敗，我該怎麼做？如果不翻
　　回去看，你能記得多少建議？

_____

_____

_____

(5) 問問自己，關於負向成癮，我學到什麼是我以前不知道
　　的？

_____

_____

_____

【第六章】

沿途障礙與道路地圖：
一路前行

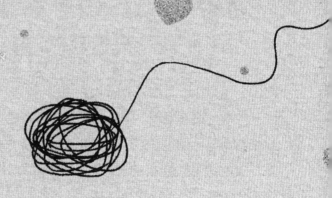

真實世界不會獎勵完美主義者。

它獎勵能夠把事情做完的人。

—— 席雅德‧阿伯丹諾（Ziad K. Abdelnour，美國銀行家）——

如果你沒有能力改變你自己以及你的態度，

那你周遭所有事情都不會改變。

——《可蘭經》——

　　艾碧該‧利普森（Abigail Lipson）與大衛‧柏金斯（David N. Perkins）寫了許多學術文章與書籍，像是《路障：離開你自己的道路》（*Block: Getting out of your own way*），解釋了為何我們有時沒有辦法在生活裡堅持自己喜歡的活動。是什麼阻礙了我們去享受做自己喜歡的事呢？比如，為什麼會有人停止做她自己所喜歡的運動？或是儘管自己很喜歡某個活動，卻一直懶惰不去做，或是明明自己很期待的活動事件，卻總是遲到？當我們在思考「為什麼做不到」的原因時，或許我們該換個角度思考：「是什麼阻擋了我們？」

　　挫敗（沿途障礙）是每個人生命的一部分，沒人能倖免。但我們知道，這些阻礙存在的目的是讓我們可以仔細檢視並且更有效地處理它們。同時記得，並不會因為你找到了一個實際的正向成癮活動，就能夠保證成功，而不會被障礙襲擊。你必須下足功夫，努力不懈。我們有注意到大多數成功的人，他們有些共通點。成功者通常會：

- 設立明智目標，並且根據充分情報，做出睿智選擇。
- 立即掌控整個情況，而不拖延。
- 聚焦在「行動」，而不是「看起來很積極」。
- 避免過度合理化，同時也不追求完美。
- 記錄一切並追蹤進度。
- 保持正向願景。

　　成功的人不會躲避風暴；他們在狂風暴雨中跳舞！

拆解沿途障礙

　　邁向成功的路上滿是障礙。我們將找出一些常見障礙，教你如何克服，讓你可以繼續朝向你的正向成癮目標前進。記得，前進需要一種膽量——有膽量展現強韌、更多微笑、更堅定奮鬥、心胸更開闊，並且在需要時學會接受幫助。

　　下面是常見障礙的簡易清單：環境壓力、潛在影響力、想達到完美的壓力、欺騙自己、掉入成癮感覺，以及落入惡性循環裡。花些時間去分辨與你有關的那些障礙。你無法打敗看不見的敵人！

1. 環境障礙

　　第一個障礙來自環境，意思是在你生活周遭有許多情況會干擾、打亂你的計畫。儘管有著正向意圖，我們有時還是衝動購物、暴飲暴食，或是對事情過度反應。環境的影響力來自四面八方，包括 24 小時全年無休的網路購物。我們可能到了購物廣場，買東西、聊天、吃東西，滿足各種廣告給我們的誘惑，或是開車時對交通感到憤怒，在公共場合發飆生氣。這些環境影響力可能淹沒我們，阻礙我們成功。當我們屈服於舊習

慣，接下來常會產生自我批評。我們看低自己，開始負面思考：「我真是個失敗者」、「我一點意志力都沒有」、「我好自私」、「我光說不做」。環境障礙會攪動類似的行為重複發生，阻撓我們邁向成功。

2. 潛在影響力

　　第二個障礙，潛在影響力，這可能比較難以了解。比如，一個人試著要把工作做好，他想做好，但卻總是漫不經心，以致最後被老闆辭退。他原本心裡不是這樣想的，但是潛在影響力從中介入（在這個例子裡是無意識在渴望／需要漫不經心）。有可能在某個層面上，這個人真的不想要這份工作（是他爸媽逼他找份工作的），因此「無意識設計」讓自己失敗。他內心裡對這份工作的討厭就是造成失敗的潛在影響力。如果我們要找出這個問題並有效處理，我們需要一個意識的自我檢查行為來面對潛在影響力。我們都很容易看不到自己的缺點，而嚴格的自我檢視可以幫助自己發現潛在的影響力。或許你可以找個信任的朋友，一起尋找那些被你所忽略或是沒有看清楚的部分。

3. 要求完美

　　另一個障礙是要求完美，這是一種病態的追求。比如，

一個人非常努力想成為完美的跑者到一個病態程度，比完美少一點點都無法接受。如果到了某個點他發現其實自己不適合跑步，完美主義者無法接受所謂的失敗，然後優雅地轉向另一個追求。為了實現你的目標，你需要努力，這是對的；但是同樣重要的是擁抱失敗，並將它看成是學習和成長的美好機會。沒有人是完美的，但是完美主義者無法接受不完美。因此在邁向你的正向成癮成功道路上的第一步，可能是辨認出這種人格特質。

4. 欺騙自己／合理化／找藉口

欺騙自己的意思是合理化自己的錯誤、失敗或無法堅持。欺騙自己是一系列的行為和態度，是一整套包含心態與行為的模式，逃避而不對情境作正確的評估，接著逃避判斷或避免承擔個人責任。

我們思考一下，有個人想要達成某些目標，卻抱怨自己的不快樂童年是阻擋前進的障礙；或是一個人給自己找藉口，說運動是不可能的，因為「沒有時間」、「附近沒有健身房」、「晚上沒有體力運動」；或者有人會抱怨說，工作太忙碌了，無法保持一個「健康飲食」的目標。是的，這些人全都淪為「欺騙自己」這個障礙的獵物了。

另外一種自我欺騙跟貶低自己有關，這類型的人會降低自己的標準，或是看低自己的能力。比如，一個人想成為作

家，他選擇了「為了快樂而寫作」作為他的正向成癮目標。他可能覺得一天只需要寫一行就夠了，或是寫作幾分鐘後，大腦感覺到疲勞，暫時再也寫不出東西了。

否認經常是自我欺騙的主要元素。欺騙自己就是否認事實到某種程度，我們愚弄自己，開始相信自己的謊言。研究顯示，一般人每天都會說幾個「善意小謊言」，但也就是這些跟自己說的小謊言造成最大的問題。這個問題的背後有很多原因，範圍從小事情上的自我控制，到全面性的失控妄想都包含在內。

思考一下你會對自己說的幾個小謊。你知道……我再看十分鐘電腦就好——結果兩個小時就「莫名其妙地」過了！或是，我再吃兩茶匙的冰淇淋就好——然後「很神奇地」整桶冰淇淋消失了！或是，我只是到商店買個洗髮精——最後看到店員結完帳後金額是原來的十倍，「我也嚇壞了！」

我們每個人都會有一些上面提及的壞習慣，創造一個新的方式面對這些習慣，可以改變一切。與其問自己「為什麼我不能堅持到底？」我們可以問自己「我如何善用這個機會在更深層次上與自己和解，並且繼續向前？」

5. 掉進成癮感覺

這個障礙告訴我們，我們隨時隨地都被許多不同的分心事物包圍，它們會吸引我們的注意力，很多時候看起來比我們

的正向成癮活動更有吸引力。我們的注意力很容易被很多活動吸引，在那當下，它們真的很誘惑人。吃個點心、喝杯啤酒、看個電視、打電話給朋友、滑滑臉書朋友圈，甚至是打掃一下——包羅萬象的事都在誘惑你。但是，長遠看來，這些事情具有同等價值嗎？我們是如何把時間浪費在這些活動上，而不去做更有意義的事情？它們如何干擾我們的正向成癮？對這些衝動誘惑的臣服就像是塞一把洋芋片到嘴巴裡，而放棄了一頓美味又營養的餐點。

　　我們需要把這些衝動需求計算在內，並做好準備，才不會（你也不能假裝）被它們突襲。透過改變環境，你能為自己的邁向成功作準備，比如，在冰箱裡放滿健康食物，或是每天固定時間要求自己關閉電腦，或做些社交活動計畫，而不是等待隨興的活動出現。創造更多高價值的活動來平衡具成癮誘惑的活動，這很重要。我們總是說「花時間做事」，那我們就應該這樣思考：「你想要如何安排你的時間？」

6. 惡性循環

　　當你的情結和隱藏影響力創造一個自我增強的循環時，這個障礙就出現了，並且很難逃脫。我們對於困在這種惡性循環裡的感覺都很熟悉。比如，一個總是想取悅別人的人，很可能別人都不會尊重他。因為一個「老是想要取悅別人」的人很容易讓人討厭，會造成事與願違——他迫切想要被別人接納，最

終反而處處被人拒絕。這個策略將此人困在惡性循環裡。一段時間後，情況會更加惡化，他越努力要討好別人，就更加造成負面結果。另一個例子，一個沒有安全感的人透過喝酒來逃避衝突事件，這給他自己設下一個被拒絕的圈套，將導致更激烈的衝突發生，因爲他逃避事情，不去解決，造成事情越累積越多。一開始的恐懼更加惡化——然後他就需要喝更多酒。

唉……

還有另一個誘發惡性循環的常見原因：老是擔心被遺棄，最後孤單收場。當一個人的擔心太過氾濫，會把一個人困在一段關係中很久，當這個人終於掙脫這段關係的枷鎖，那個本來待在關係之外的擔心，很有可能把人再次帶進一個相同的惡性循環。爲什麼是這樣？因爲「擔心自己最終是孤單收場」這個念頭會帶領個人朝向那個方向前進，除了惡性循環，哪裡也去不了。

我們有可能管理障礙嗎？

休息一下。作個深呼吸。如果你還受困其中，用一個全新的眼光觀看，或是找個導師詢問。

——戴爾・湯瑪斯・禾根（Dale Thomas Vaughn）

所有那些阻擋你走往預期正向結果的障礙或問題，都能夠

被管理。偉大的網球選手亞瑟・艾許（Arthur Ashe）說過：「待在你所在的地方，運用你擁有的資源，做你能做的事。」讓我們找到一些方法靈活運用艾許先生這個觀點。

1. 辨認出路障

當你遇到一個路障，繞過它。

——芭芭拉・布希（Barbara Bush，美國前第一夫人）

首先你要辨認出在你走向成功之路上的障礙。正因為路障是你的一部分——是針對你個人以及你獨特的生活型態而產生的——因此自我覺察是關鍵。試著用一種批判挑惕的眼光找出是什麼或是誰阻礙了你，擋住你的路。隨著自我覺察的程度增加，路障會隨之縮小。在覺察的光照之下，路障控制你行動的力量將會消逝。

2. 保持積極態度

天空不會落下玫瑰雨：當我們想要擁有更多玫瑰，我們必須種下更多玫瑰。

——喬治・艾略特（George Eliot，英國小說家）

保持積極並且避免負向自我對話。你需要了解過程中一定

會遭遇退步與失敗，所以你要準備好面對它們。繼續不斷告訴你自己，你的正向成癮不是為了競爭，你可以按照你自己的風格和步調來進行，不需要跟別人比較。不用著急。保持積極態度會幫助你對自己有更多耐心和包容，這會幫忙你克服路障。了解到路障會經常出現，這會幫助你保持積極態度。

負面思考是路障架構裡的一部分。我們探討以下模式：

誇大與縮小：認知想法扭曲，包含誇大強調負面事情，同時輕描淡寫帶過正向經驗。另一種形式的扭曲稱之為「災難化」，當你想像並預期最糟糕的情況可能會發生，造成高度壓力與焦慮，災難化的負面思考就出現。

感情用事：感情用事的人會把自己對某個情境的情緒當作證據，而不是客觀地檢驗事實。「妄下斷語」正是感情用事的一個例子。對於感情用事的人來說，「我對你很生氣」，絕對不會是句子結尾。相反地，這個情感的描述背後一定有個隱含的事實：「……所以一定是你做錯了什麼……」。衝動地感情用事只會讓問題更加惡化，而無法解決問題。

「應該」陳述句：「應該」陳述句例如「我應該做更好……」，這是一種扭曲事實。我們要小心仔細地檢視我們的內在對話，找出不正確的「應該」句子，只說事實。做個練習，把「應該」改成「將會」，然後再說一遍新的句子。

貼標籤與貼錯誤標籤：喜歡幫別人貼標籤或貼錯誤標籤的人，會很習慣地創造對自己以及別人錯誤或負面的分類。例如，「我是一個沒有希望的失敗者。」把人貼上標籤放進某個固定角色裡，會阻礙我們看見一個人真實的樣貌，造成關係衝突。用這種方式貼標籤，就把人和他的行爲或是結果密合在一起。「我是一個失敗者」這個說法把自己放進了一個小盒子，鎖上門，永遠關在裡面，如果換另一種說法像是，「事情沒有我想像的那樣順利」，這種說法就提供了一些喘息空間、檢視自己，找到改進方法。

矛頭針對個人：有些人習慣把他們無法控制的事情歸咎到自己身上，怪罪自己。他們拿別人的行爲或感受責備自己，或是爲了他們自己的感受怪罪別人。比如，一個人因爲大環境經濟不好，公司需要縮編裁員，而他剛好是新進員工之一，因此被解僱。儘管如此，這個人還是認爲失去工作是因爲自己的工作表現太差勁。把矛頭針對自己不僅僅不正確，也令人壓力沉重。

3. 處理傷痛

轉化你的傷痛成爲智慧。

——歐普拉·溫弗瑞

（Oprah Winfrey，美國脫口秀主持人）

　　很多心理自助書籍聚焦在壞習慣上，卻沒有檢視根本的障礙或問題。我們會建議你，看看壞習慣底下有什麼：你試著要逃避什麼或害怕什麼嗎？你的正向成癮——一個蓬勃發展的好習慣會增強你的自信心——它需要成長空間。一旦你發現心靈深處的某些阻礙模式，你可以透過自我覺察掃除障礙，或者找個治療師或朋友幫忙處理，這樣你的正向成癮之路就不用費盡千辛萬苦去穿越許多負面障礙。

　　但是對很多人來說，要去處理造成路障的那些深層情緒是最不容易的。誠實面對自己並不是一件簡單的事，而且我們身邊的人很多時候無法幫忙太多。大部分的人會說我們想聽的話，畢竟我們也想聽到關於自己好事，但同時，我們心底還是知道自己不好的那些事（儘管我們花很多心力想要逃避它）。

　　我們傾向不去看自己的缺點，這樣做也繞過了隱藏在壞習慣底下的事實。我們就掉入另一個惡性循環。

　　因此，處理深層的傷痛是克服路障的第一步——直接正視那個部分，而不是困在惡性循環裡繞不出來，這才是正確方向。

關於路障的摘要

　　西德尼‧西蒙（Sidney Simon）在 1988 年的研究裡找到一些路障元素，大多數人都有其中幾樣元素的組合：

- 沒自信心。感覺卡住。無力改變生活，卻想要更好生活。
- 無法看到其他選擇。
- 隨波逐流，比如，接受別人的意見。
- 給自己找藉口：「是的……但是……」。記住，這種想法會削弱改變的動力。
- 對於改變感到害怕；不敢改變。
- 覺得沒有人支持，孤立無援，卻也不願意尋求幫助。
- 要求完美。
- 缺乏決心或意志力去貫徹改變。

我們多數人在生活裡都可以找到證據支持以下陳述句的了解：

- 光有知道還不夠——我們必須加以運用。
- 光有意願還不夠——我們必須實際去做。
- 光有渴望還不夠——我們必須採取行動。
- 光有思考還不夠——我們必須向前移動。

當然，這些都是同一主題不同說法：心之所想、心之所望，展翅高飛。

話說喬治走到哪裡了？

　　喬治，認真踏實地走在他的旅途上，面對許多路障，包括嚴重的自我欺騙以及要求完美。他無法保持積極正向，變成一個經常拿「應該」來苛求自己的大師。此時，他感覺這趟正向成癮的旅途毫無意義。於是他回顧了「西蒙的路障」，了解到他被許多路障帶離了原來的道路。這個自我覺察幫他注入了一劑強心針，可以再次向前行，而這一次他更了解自己，更關注到進步過程中的許多細節。

展望未來

　　想像道路前方有一個障礙，一個路障。假設你無論如何一定要走到路的另一頭，你沒有回頭路；想像一下你會怎麼做。

｜活動 7｜

轉化它

活動目的：透過多種好玩而不尋常的實驗方式，一個簡單的東西可以被「轉化」，發現自己改變或是「轉化」路障的潛力、能力。從受限的舊習慣中自由發揮你的想像力，設置一個舞台，建構新的好習慣。

⑴ 把以下每一個詞語當作一個線索，腦力激盪出各種可能的替代「用法」或「轉化」。比如：

咖啡杯

可以當作猴子的帽子，可以做花瓶，
可以放湯匙，可以插花作花盆，
可以做為武器，當作槌子，
可以作為擀麵棍，
當作圓規（拿來畫圓圈）

鉛筆   剪刀

尺

迴紋針

互動式電子白板

電腦螢幕　　　　　　　　　椅子

2. 當你在追求正向成癮的過程中，把你想到最有趣的點子紀錄
　 下來，當有需要時就看看這些筆記。

｜活動 8｜

潦草亂寫、弄皺一團、撕毀丟掉

活動目的：透過實際行動，享受「摧毀」一個負面情況、情緒或行動——它可能在你進步的路途中是一個路障。

(1) 利用下一頁，或者自己找一張紙、一枝筆，不加思索地寫下任何浮上心頭的字句——那些會妨礙你前進的一些負面情境、感受或活動。比如，你可能受限於一種衝動，總想要事事要求完美（路障），所以你寫下的字句可能包括以下描述：「我痛恨失敗」、「我必須永遠都是對的」、「我無法忍受輸的感覺」，或是「我不夠好」。

(2) 繼續振筆疾書，直到整張紙寫滿，或是你已經絞盡腦汁擠不出任何東西了。

(3) 現在把隔壁頁剪下或撕下來，把這張紙揉成一團球。很緩慢地做這件事，仔細體會揉成一團的過程感受到什麼。

(4) 把揉成球的紙團再一次展開，開始把它撕成一小片一小片，同樣地很緩慢做這件事，去感受過程中你心情的變化。

(5) 把這些碎紙片丟掉，並且想像「把它們徹底丟掉」，當你這樣做時，放下你對要求完美的那個執著。

你可以思考一下

(1) 對你來說，「拆解路障」是什麼意思？

_____

_____

_____

(2) 盡可能回想起所有你還記得的路障種類。你會記得的那些路障很可能就是你要小心留意的。最後再翻回前面看看你遺漏了哪些路障。

_____

_____

_____

(3) 回想過去你是否曾經不自覺地「自我欺騙」？當你想起那個時刻，思考一下當時你如何自我欺騙，如果重來一次，你會怎麼做。

_____

_____

_____

(4) 回顧西蒙所辨識出的路障，找出與你最有關的路障。將來遇到它們，你會怎麼處理？現在就寫一個戰略計畫吧。

_____

_____

_____

(5) 想想你花了多少時間在「我知道、我願意、我渴望、我思
    考」上面，想像一旦你採取行動，將會如何不同。告訴自
    己，這一次，就從現在開始，我會妥善運用我的時間！

_____

_____

_____

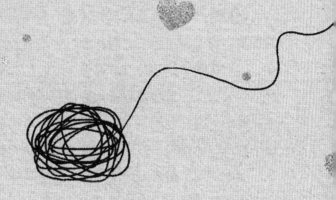

【第七章】

評估準備程度：
改變的泉源

今天還沒準備好的人，

明天也不太可能準備好。

──馬提亞爾（Marcus Valerius Martial，古羅馬文學家）──

　　準備就緒（readiness）指的是一種完全準備好的狀態，下了定決心要做某件事，對於情境、目標和過程都帶著熱情、樂觀的態度。我們把準備程度看作是一種支持你正向成癮行動生生不息的泉源。你的正向成癮需要多大的改變力量，你就需要對自己有更多的覺察，了解自己的準備狀態有多好。

　　準備好了，意思是有良好狀態和妥善資源，擁有清楚一致的願景目標，有正確的心態和觀點去創造改變。執行改變是一個大工程。這也是為什麼，準備程度評估有時被認為是「風險評估」。因此，讓我們詳細地檢視一下如何評估準備程度或是潛在風險，因為你的正向成癮將對生活產生重大影響和改變。這一章是快節奏的，有很多的練習，幫助你動起來！

　　開始之前，請先完成下一頁的簡短測驗，這會幫助你評估在邁向正向成癮之前你的準備程度有多少。每一題簡單地回答「是」、「否」或「有時」，三選一。

你準備好了嗎？

□是 / □否 / □有時　⑴ 當我在一個計劃或任務上遇到了問題，我會快速地尋求解決方法。

□是 / □否 / □有時　⑵ 當遇到困難時，我通常可以獨力應付它。

□是 / □否 / □有時　⑶ 開始嘗試一個新的計畫或挑戰時，我會感到害怕。

□是 / □否 / □有時　⑷ 當開始一個新計畫時，我會把它們切分成容易處理的小區塊。

□是 / □否 / □有時　⑸ 當要做我不熟悉的事情時，我很快感到挫折沮喪。

□是 / □否 / □有時　⑹ 我會按部就班，穩定規律地遵循日程表。

□是 / □否 / □有時　⑺ 如果我不喜歡某些事物，我很快會轉移到其他事物上。

□是 / □否 / □有時　⑻ 我會列出許多清單。

□是 / □否 / □有時　⑼ 我對自己有信心。

□是 / □否 / □有時　⑽ 對於我選擇的正向成癮活動，我感到完全自在，有信心。

答案的意義：

題(1)，「是」是最好的回答，代表你已經準備好要出發了。

題(2)，「是」是最棒的回答，代表你在朝向正向成癮前進時，大部分時間可以靠自己堅持下去。

題(3)，如果你回答「是」，在開始之前，你可能需要先找個老師討論一下你的正向成癮這件事。

題(4)，回答「是」表示你會做得很好，一次一小步，是邁向正向成癮的最佳方法。

題(5)，這一題如果你回答「是」，那你在開始邁向正向成癮之前，需要進一步了解你的挫折忍耐力，並學會處理它。為了在正向成癮上成功，你需要一些彈性空間容忍走錯路或是不完美的經驗。

題(6)，回答「是」代表你擁有維持每日紀律生活的能力，而這是開創某些新東西必要的基礎條件。你已經準備好開始你的正向成癮計畫了。

題(7)，如果你回答「是」，花點時間思考一下如何堅持你的選擇。你需要在你的正向成癮上堅持下去，直到它變成你生活的一部分，用別的東西來替換是無濟於事的。

題(8)，對這一題說「是」，這是很棒的。對於你的正向成癮保持一個清單或筆記，這是一種有效率又有助益的方法。

題(9)，當然，「是」是個超棒的答案。但我們也謹記在心，當你擁抱正向成癮時，一個回答「有時候」或是「否」

的答案也可能轉化成一個「是的」。

　　題(10)，如果你這一題回答「否」，請重新思考你的正向成癮選項。有可能你設定的正向成癮已經過時了，或者這是別人的想法。你的選擇是無限的，你擁有無限可能性。記住，你現在選擇的正向成癮活動就像是個新的最好朋友。你尋找哪些特質的夥伴呢？

　　註：只要你在任一題中回答了「有時候」，都代表在正式進行正向成癮計畫前，最好多下些功夫來「做好準備」。讓它們成為充分準備之前的溫柔鼓勵──沒有理由停下腳步。

要進入準備好的狀態需要多長時間？

　　回答這個問題之前，我們先來看看幾個熟悉的情境。當你想到一個籃球員將要罰球時，他首先會做出投籃動作，讓自己準備好。當高爾夫球選手要揮竿擊球前，她會先試揮幾次、專注在她想要的落點處，做好準備。這些是「瞬間爆發型」的準備好狀態。當一隻老虎或獅子靠近時，動物們的逃跑準備狀態是轉瞬即發！

　　當我們打包要去旅行時，這是比較長的「準備狀態」。為了一趟旅程，我們的「準備」包含了行前的思考和行動。女人懷孕生小孩也需要一種準備狀態。懷孕的準備狀態需要更久的時間。某些特定職業需要經常保持在準備狀態待命——危機反應小組、消防員、警察等等。

　　每一種不同的準備狀態，都可能受到情境、情緒、社會及／或心理因素的混合作用。你或許不需要找到你的準備狀態背後有什麼因素，重要的是，在你開始旅程之前，要知道自己是否準備好。

│活動 9│

我當然做得到！

　　準備好的狀態來自於你眞實體驗到：「我當然做得到！」讓我們思考八種層次，會把我們帶到準備好的狀態。

　　請按照接下來兩頁的指示，完成後面八個層次的開放式問句，每一題都以十個不同的句子完成。只使用正向回答，暫時先放下各種反對意見。

　　在層次一和層次二，你將完成相同的句子，差別在於一組要用事實回答、另一組則以動機回答。

層次一：事實

　　第一組句型如下：「我知道自己可以做到（某事），因爲……」（某事就是正向成癮行爲）。例如：「我知道我可以每天做運動，因爲……我有教練幫忙……其他人也做運動……我每天可以找出時間做運動。」

層次二：動機

　　「我知道自己可以做到，因爲……這對我有好處……對我的健康有好處……對我的家庭有益處。」你的動機是什麼呢？自由地腦力激盪。

　　在層次三到層次八中，你將會在不同頁面上創造更多清單，回答有些變化不同的句子：

層次三：個人資源

　　句型中多加入了一個詞：「我知道自己可以做到，因為我是……」再一次，請你放下各種反對聲音，無論你有任何反對意見，先不說。只要聚焦於正向答案。「因為我是……值得信任的……很節儉的……很勇敢的……乾淨整潔的……友善的……很尊重別人的……」想想看你擁有的個人特質。

層次四：歷史資源

　　將句型再變更一下，變成：「我知道自己可以做到，因為我過去也克服過困難，像是……獲得學位……爬過富士山……加入一個即興劇團……」

層次五：社交資源

　　用以下句型回答，「我知道自己可以做到，因為我可以獲得……牧師……我的狗……朋友，從他們那裡得到幫助……」你會運用哪些社交資源呢？

層次六：情境資源

　　「我知道自己可以做到，因為我可以把自己放在『某個情境』，在那裡我可以實踐我的正向成癮。」例如：「我知道

自己可以靜坐冥想，因爲我可以去教堂……坐在公園裡……坐在我的花園裡……」

層次七：靈性資源

將句型更改成：「神／佛／宇宙知道我可以做得到，因爲……祂們賦予我力量……我擁有信仰……上天給我可以運用的天賦……」

層次八：個人社群

使用這樣的句型：「大家都知道我可以做到，因爲……他們知道我很忠誠……我的鄰居看到我爲自己所做的事感到驕傲……我的朋友們都信任我……」

基本上，「我當然做得到！」這個練習有無限多種回答，當你完成八個層次的問題後，這能幫助你評估你當下的準備狀態。這也可能提醒你，你現在走多遠了。

層次一：事實

我知道自己可以 _____

因為 _____

因為 _____

因為 _____

因為 _____

因為 _____

因為 _____

因為 _____

因為 _____

因為 _____

因為 _____

層次二：動機

我知道自己可以 _____

因為 _____

因為 _____

因為 _____

因為 _____

因為 _____

因為 _____

因為 _____

因為 _____

因為 _____

因為 _____

層次三：個人資源

我知道自己可以 _____

因為我是 _____

因為我是 _____

因為我是 _____

因為我是 _____

因為我是 _____

因為我是 _____

因為我是 _____

因為我是 _____

因為我是 _____

因為我是 _____

層次四：歷史資源

我知道自己可以＿＿＿＿＿＿＿＿＿＿＿＿＿＿＿＿，因為過去我
也曾完成困難的事，

像是＿＿＿＿＿＿＿＿＿＿＿＿＿＿＿＿＿＿＿＿＿＿

像是＿＿＿＿＿＿＿＿＿＿＿＿＿＿＿＿＿＿＿＿＿＿

像是＿＿＿＿＿＿＿＿＿＿＿＿＿＿＿＿＿＿＿＿＿＿

像是＿＿＿＿＿＿＿＿＿＿＿＿＿＿＿＿＿＿＿＿＿＿

像是＿＿＿＿＿＿＿＿＿＿＿＿＿＿＿＿＿＿＿＿＿＿

像是＿＿＿＿＿＿＿＿＿＿＿＿＿＿＿＿＿＿＿＿＿＿

像是＿＿＿＿＿＿＿＿＿＿＿＿＿＿＿＿＿＿＿＿＿＿

像是＿＿＿＿＿＿＿＿＿＿＿＿＿＿＿＿＿＿＿＿＿＿

像是＿＿＿＿＿＿＿＿＿＿＿＿＿＿＿＿＿＿＿＿＿＿

像是＿＿＿＿＿＿＿＿＿＿＿＿＿＿＿＿＿＿＿＿＿＿

層次五：社交資源

我知道自己可以＿＿＿＿＿＿＿＿＿＿＿＿＿＿＿＿＿，因爲我可以
從這些人……獲得幫助，

像是＿＿＿＿＿＿＿＿＿＿＿＿＿＿＿＿＿＿＿＿＿＿＿＿＿

像是＿＿＿＿＿＿＿＿＿＿＿＿＿＿＿＿＿＿＿＿＿＿＿＿＿

像是＿＿＿＿＿＿＿＿＿＿＿＿＿＿＿＿＿＿＿＿＿＿＿＿＿

像是＿＿＿＿＿＿＿＿＿＿＿＿＿＿＿＿＿＿＿＿＿＿＿＿＿

像是＿＿＿＿＿＿＿＿＿＿＿＿＿＿＿＿＿＿＿＿＿＿＿＿＿

像是＿＿＿＿＿＿＿＿＿＿＿＿＿＿＿＿＿＿＿＿＿＿＿＿＿

像是＿＿＿＿＿＿＿＿＿＿＿＿＿＿＿＿＿＿＿＿＿＿＿＿＿

像是＿＿＿＿＿＿＿＿＿＿＿＿＿＿＿＿＿＿＿＿＿＿＿＿＿

像是＿＿＿＿＿＿＿＿＿＿＿＿＿＿＿＿＿＿＿＿＿＿＿＿＿

像是＿＿＿＿＿＿＿＿＿＿＿＿＿＿＿＿＿＿＿＿＿＿＿＿＿

層次六：情境資源

我知道自己可以 _____

因為我可以去 _____

因為我可以去 _____

因為我可以去 _____

因為我可以去 _____

因為我可以去 _____

因為我可以去 _____

因為我可以去 _____

因為我可以去 _____

因為我可以去 _____

因為我可以去 _____

層次七：靈性資源

神／佛／宇宙知道我可以 _____

因為 _____

因為 _____

因為 _____

因為 _____

因為 _____

因為 _____

因為 _____

因為 _____

因為 _____

因為 _____

層次八：你的社群資源

每個人都知道我可以 _____

因為 _____

因為 _____

因為 _____

因為 _____

因為 _____

因為 _____

因為 _____

因為 _____

因為 _____

因為 _____

下一步

　　你從回答開放問句開始，根據不同層次，創造很多頁的答案。花一點時間去理解一下自己的回答。如果有需要的話，加上更多字句。確保你眞的了解自己爲什麼如此回答。

　　現在把這些寫滿答案的紙張收集起來（如果你是在這本書上寫完的，可以剪下），並摺成四分之一大小：先對摺、再對摺一次。把這些摺好的紙張放在胸前，並大聲說「我知道我可以做到！」

　　另一種版本是試著將摺好的十張紙同時撕掉。說眞的，這幾乎不可能辦到。當所有要素聚集一起時，它們就變得非常強大——它們是你內心忠實擁護者！

　　你也可以試試第三個點子：把十張紙夾在一起，好好地放進你的錢包或包包裡。現在你有了視覺和感覺的提醒，任何時候當你需要時，你可以提醒自己「我知道我可以做到。」

　　你現在已經整理好你的事實、動機，以及你的個人、歷史、社交、情境、靈性及社群資源，把它們整合成一個緊密契合的完整個體，一種正向自省的內在寶藏。現在你可以完成任何事了！這是一種深層的提昇準備程度方法。

｜活動 10｜

後退一步！（25 個藉口理由）

　　有時候你必須後退才有辦法前進。現在這個練習正是關於這個道理——發現不同觀點。花幾分鐘思考一下，為什麼你無法在正向成癮上成功的所有阻礙原因。把所有造成你失敗的原因都想過一遍。讓自己無邊無際地想像這些理由。現在，寫下25 個你所想到最棒的理由。

(1) _____

(2) _____

(3) _____

(4) _____

(5) _____

(6) _____

(7) _____

(8) _____

(9) _____

(10) _____

(11) _____

(12) _____

(13) _____

(14) _____

(15) _____

(16) _____

(17) _____

(18) _____

(19) _____

(20) _____

(21) _____

(22) _____

(23) _____

(24) _____

(25) _____

　　休息一下。現在，讀一讀你寫下的東西。

　　在你自己私密的想法裡，你可能會認為這些理由強大無比，然而一旦當你把它們寫下來（或是拿去與朋友分享後），你會發現它們實際上是很軟弱無力的。

準備好！

你的準備狀態和執行承諾的決心是正向成癮的關鍵。

安東尼・羅賓（Tony Robbins）提醒我們，「唯有想像力和承諾可以限制你的影響力」。

喬治準備好了

讓我們把焦點帶回到喬治身上：他本來以為自己已經準備好順風順水地朝向正向成癮前進，卻忽然發現自己會用加班到很晚當作理由，也會為了不去運動找藉口理由。於是他想，是否自己尚未準備好，因此他向他的導師尋求協助。她寄給喬治一封電郵，內容是一個開放式問句，「我知道我可以……」，她要喬治用十種不同答案完成這個句子。然後，她再寫封電郵給喬治，要他在句子中找出一些相關事實、動機和資源。接著，她再一次要喬治完成相同句子，但這次「只寫下事實」。她持續用開放式問句的練習來幫助喬治，直到他完成八個層次「準備好的狀態」。最後，她邀請喬治把這些寫下句子的紙張摺起來、裝訂一起再試著撕開。他做不到，這就讓他看見這些要素聚合成一個堅強的完整個體。在這段互動的最後，他感覺自己已經準備好繼續前進，隔天也確實充滿期待和意願去運動。

展望未來

　　檢視一下你的準備狀態有多好，找到方法加深鞏固它，提供一個基礎邁步向前。

你可以思考一下

　　請回想（只在需要時才往回翻）上一章中，當你追求正向成癮時，可能會遇到一些路障，我們建議你如何處理。選一個你現在最想嘗試處理的路障——就是那個看起來對你立即有幫助的。下定決心並謹記在心，因此將來你可以隨時想起這件事。

_____

_____

_____

_____

第八章

啟動動機的祕訣：
小引擎啟動大力量！
（如果它想要發動）

我們可以把動機理解為，不是你擁有什麼，而是你做了什麼。
它包含認出一個問題、找到改變方法，然後開始那個改變策略
並堅持到底。事實證明，有許多方法可以幫助人們前進和行動。

——威廉·米勒（William R. Miller，美國傳教士）——

世上沒有東西可以取代堅持。才華不能；有才華但沒有成功的
人到處皆是。天才不能；未得回報的天才幾乎滿街都是。教育
不能；這世上充斥著有學問的遊民。僅僅是堅持及決心就決定
了一切。

——卡爾文·柯立芝（Calvin Coolidge，美國第 30 任總統）——

動機是什麼？動機真的有這麼重要嗎？

它只是催化劑？一種激勵？一種渴望？

我們可以修正想要改變負向成癮的動機嗎？

為什麼有些人能改變，而有些人不能？

動機這個詞我們隨處可聽見，而大多數人都有自己的獨特見解。但動機真正的意思是什麼？填寫以下的是非題，檢查一下你對這個詞的個人理解，以及這個字與你人生的相關性。

動機測驗

使用「對」或「錯」來回應以下各個陳述句：

☐對／☐錯　(1) 每個人都有動機要活出卓越的生命。

☐對／☐錯　(2) 每個人為了生存都有動機去做必要的事情。

☐對／☐錯　(3) 在達成目標時，動機是唯一最重要因素。

☐對／☐錯　(4) 動機可以透過學習得到。

☐對／☐錯　(5) 我們可以透過藥物誘發動機。

☐對／☐錯　(6) 如果缺乏改變的動機，改變永遠不會發生。

☐對／☐錯　(7) 動機是個人的事，不會受其他人的影響。

☐對／☐錯　(8) 動機是二分法的：你要嘛有動機，要嘛沒有動機。

☐對／☐錯　(9) 動機是在個人內心裡，是獨一無二的。

☐對／☐錯　(10) 外在行為總是個人內心動機的指標。

如果你對上述陳述句的回答都是「錯」，表示你對動機有很好的了解，也知道它對你人生的影響。我們來快速解答這些陳述句。

題(1)，有些人對生活心滿意足，不想卓越，也完全不想改變生活現狀。

題(2)，無論是什麼理由，有些人單純不想活著。

題(3)，雖然動機對於達成目標非常重要，但它不是單獨運作；其他因素也會影響目標達成。

題(4)，我們無法透過「學習」得到動機，但我們可以「雕塑」動機——增強、刺激、鼓勵、支持。它也可能被壓抑。

題(5)，藥物一開始似乎可以激發一種動機感受，但這種感覺瞬間即逝，長期而言並無幫助。

題(6)，無論是否有改變的動機，有些改變會自然發生（例如：成長、生病、技巧、發展）。

題(7)，動機會受到社會人群互動所影響。

題(8)，動機是積極的，很容易被激發。

題(9)，動機可以同時是內在（心靈層面）與外在（環境誘發）。

題(10)，有時候外在行為（你所看到的）無法代表內心動機的呈現（特定行為要達到的背後原因不是你所看見的樣子）。

個人（人生）路徑與動機

> 人生，每個人都可以二選一：繼續等待特殊的那一天來
> 臨，或是把每一天都當作最特殊的一天來慶祝。
>
> ——拉什德・奧古拉魯（Rasheed Ogunlaru，心理勵志作家）

你的風格是什麼？你如何過人生？你喜歡怎樣的生活型態？

關於動機，現在我們已經辨認出我們所知道的（或是我們所不知道的）種種，讓我們把它連結到個人的人生路徑，或是獨特的生活風格、生活偏好，連結到整體的生活喜好。在以下的幾條路徑裡，試著辨認出你日常生活中最常走的是哪一條。你很自然地會被某些路徑吸引，勝過其他路徑，了解這一點，會幫助你建立你正向成癮的動機。

乍看之下，你覺得自己是哪種人：頭腦型？內省型？戶外活動型？服務別人型？關係型？努力推進型？生產力型？

以下是各種路徑的輪廓。

頭腦路徑

採用這個路徑的人，喜歡學習，追求知識。他們偏好使用頭腦更甚於心。他們是學者，思考家，總是被新資訊吸引。

動機的效果：如果你選擇了一個在這個範疇之外的正向成癮活動，要記得給自己一個在這個範疇之內的獎勵是，例如花

時間閱讀新文章、做些創新研究等等。

了解一下，哪些知識的追求特別吸引你。寫下一個活動清單（例如玩個腦筋急轉彎的遊戲），在你有小小成功時，可以作為立即的獎賞（獎勵）。

內省路徑

對這些人來說，自我反思和靜坐冥想很容易，他們喜歡獨處的時光。但說到與人相處，他們可能有困難。

動機的效果：了解到你的獎勵應該包含獨處時光，這絕對能激勵你。

如果你想突破自己的限制，選擇一個與「關係」有關的正向成癮，但要小心可能出現的困難。

戶外路徑

對於這些人而言，最棒的事就是待在大自然裡。他們會用盡一切辦法走出辦公室，走出枯燥乏味的日常生活。他們覺得長時間坐在辦公桌前是一件很痛苦的事。他們更常享受一個人在大自然裡，而不會想跟其他人共享。

動機的效果：如果你選擇的正向成癮只能在室內做，試著找個方法把大自然包含其中 —— 在跑步機上跑步時，觀看大自然的影片或許有用。當你完成了自己設定的目標時，給自己

一個特別的戶外時光作為獎賞。例如，在一個很棒的運動鍛鍊結束時，不管天氣怎樣，來段輕快的散步。

服務路徑

　　這些人是天生的「助人者」。他們藉由給予和服務他人，得到喜悅與滿足。他們可能很難接受別人的禮物、感激和愛等等。他們的獎賞是來自於幫助別人，即使有時犧牲自己。

　　動機的效果：作為正向成癮的成功獎賞，無論多小的事情，允許自己花時間去幫助那個你一直很想幫忙卻沒有時間做到的人。你可以打電話、寫電子郵件給一個老朋友，或者寄張安慰卡片給那個受苦受難的人。

　　好好計畫你的正向成癮活動，確保你可以獨立完成，而不用時常接受來自別人的正向獎勵，因為這對你來說可能有些不舒服，甚至可能是種「路障」。

關係路徑

　　關係導向的人們熱愛關係。他們享受與人共處，事實上，他們很需要親密關係。他們在陪伴中成長茁壯，他們的親密關係是至關重要的。

　　動機的效果：如果你是這種人，確保創造一個包括與其他人互動在內的獎賞清單，例如跟朋友喝咖啡，或是有個真實的

人生對話（面對面說話，不是透過簡訊）。

我們要注意，如果你的正向成癮活動是獨自完成的，你可能會發現很難繼續維持。你會想要發揮創造力，把其他人包含在你的目標行動計畫裡。例如，如果你的計畫是健康飲食，可以邀請其他人一起探索新菜單和新口味。你可以自由選擇，不管是面對面交流，或是用社交媒體互動，都很好。

推進路徑

這些人是積極行動派，他們討厭坐著枯等，總是在前進，永不停止。他們從行動中獲得快樂。他們對行動有熱情，熱愛挑戰。他們下定決心，行動迅速，經常在追求「目標」。

動機的效果：如果你選擇的正向成癮活動會限制身體活動，需要放慢速度（像是寫詩、學習新語言），在過程中加入短暫的能量刺激，同時也加入一些間歇性的活動。認真學習西班牙文一段時間，然後休息一下，去跑個五分鐘跑步機，再繼續學習。

生產力路徑

選擇這種生活型態的人，很多是設計師、創造者、藝術家、手工藝創造者、建築師、原創者。他們想知道事物是如何構成、構建、想把事物組合一起。他們雙手靈巧，頭腦靈活。

他們透過創作，得到極大喜悅。

　　動機的效果：那些重複的、不需要任何想像力的活動對他們而言是很痛苦的。但這也不是說他們不能考慮像跑步這樣的活動，只是要保持對於創造力的需求。所以，或許在跑步時創作了一首詩，或者，聚焦在特定的蔬菜如何在不同國家烹調，在印度、墨西哥、敘利亞等地都有不同烹飪方式──然後，創造了一道新的食譜！

　　再次強調，這些路徑之間或許有些關聯，但你總是對其中一、兩個特別有共鳴。注意到你是由哪些部分所構成的，這將會幫助你保持動機和正向意圖間的平衡

動機與改變

　　動機是獲得正向成癮的關鍵，也是替換或移除負向成癮的前提。不幸的是，缺乏動機本身對於許多尋求改變的人是一大阻力。因此，我們要特別關注動機，培養它、滋養它、尊重它。

　　所以，謹記在心，讓我們更熟悉動機，讓它幫助你朝向正向成癮目標前進！

你渴望什麼？這個渴望夠強烈嗎？

　　動機有一個基礎是渴望——渴望看到改變或做出改變。在設定初始目標、帶著動力朝向任務完成時，這是至關重要的元素。動機，始於強烈的渴望，成為正向成癮達成過程中不可或缺的一部分。但無論這個渴望是多麼強烈，光有渴望仍不足夠。

動機：一個新的有效定義

　　你可能經常把動機看成一種不變的特質，要嘛一個擁有動機，或是他沒有動機，但是一個更符合現在人的定義是，把它看成一種流動的方式。因此，一個關於動機的最新定義應該是：

- 改變的關鍵元素
- 多重面向的
- 動態的且流動的
- 受到人際關係互動影響
- 可以修正的

　　更精確說，動機是一個人進入、維持、堅持住一個特定策略的可能性（Miller & Rollnick, 1991）。我們可以在所有活

動裡找到動機，它時時刻刻都在多重情境裡運作著。因此，在改變過程裡，我們可以看見、改變、增強動機。（Miller, 1985; Miller et al, 1993）。

動機與心理學模型

任何人想要開始一段正向成癮的旅程，都應該先對成癮有基本了解。比如，正向成癮和負向成癮的差別是什麼？我們花了許多時間在討論負向成癮，儘管它們兩者間有所重疊，但兩條路之間有明顯重大差異。

兩者都需要動機，但正向成癮會對生命帶來正面影響。它會正面地影響個人、家庭、社會、專業與財務生活。正向成癮會強化一個人，增加整體生活幸福滿意度。另一方面，負向成癮會在生活各個面向削減力量。

現在我們已經知道，當提到物質成癮時，同儕壓力是一個必須正視的因素。它也可以扮演正向的增強力量。為了要融入比較「酷」的群體，或者看起來更「歷練」，又或者為了更舒服地融入團體——總是有各種壓力會迫使你加入負向成癮的活動。所以，我們思考一下，同儕壓力可以在正向成癮中扮演增強的角色嗎？你能想像，它如何幫助你的正向成癮計畫嗎？

心理學模型

動機包含了一種覺察個人目標的能力，分辨出目前行為與理想目標間的差距，解決想要做出正向改變的猶豫不決（Ivey et al., 1997）。動機是那個你給自己的額外推動力，當你感覺自己想要放棄，它讓你突然想起初衷。了解關於動機的心理學模型，會幫助你建構完整能力，以面對追求正向成癮路途中所出現的各種困難。

動機總是在你的掌控中嗎？

不幸地，一些完全超出個人控制的生命重大事件有時候會激發動機，有時候則是阻撓動機。比如家人突然逝世，可能會讓家裡成員想要作出激烈的生活改變，像是變得更好，或者更想放棄。雖然一開始的情境像是失控，但我們如何回應這些情境，是我們可以掌控的。

痛苦程度：無論出於什麼原因，如果痛苦程度異常地高，這可能激勵我們改變，或者阻礙我們改變。

重大生命事件：某些生命重大事件會刺激我們改變：發生嚴重意外，生了場重病，親人去世、懷孕或者不孕，結婚或離婚（Tucker et al., 1994; Sobelle, et al., 1993）。以上這些生命重大事件會造成一個人想法和情感上的改變，人們被

迫要思考這些事件帶來的衝擊和影響。在事件發生的時候，他／她可能感覺他們不得不改變生命。另一方面，巨大的挑戰事件也可能會減低我們改變的動機，阻礙我們改變。受到衝擊、影響的人可能感覺人生在經歷這些事件後不一樣了，而失去了強烈的改變動機。

覺察到行動的負面後果：有時候認出你所做的事情或行為會對別人以及自己造成傷害，這樣的覺察會激勵某些人產生改變動機（Varney et al., 1995）。

外在激勵：正面與負面的外在激勵都能影響動機。朋友的支持、獎賞、正向（以及負向）回饋，都能提升動機，帶來改變，無論是變好還是變壞。

疲勞與時間限制：這兩者都會對動機帶來負面影響，會阻礙你朝向正向成癮的目標前進。

以上所提到的這些因素都可能會干擾我們的動機，我們把這些看成是紅旗警訊。我們先前提到過，良好準備是任何計畫的成功關鍵。當我們需要積極地進，得擁有足夠彈性去面對眼前挑戰時，如果因為沒有充分準備而被挑戰埋伏攻擊，都會讓我們感覺失敗。

在逆境中乘風破浪

所以，我們如何面對處理那些威脅要破壞我們最美好人生的事情？我們如何準備好自己，去面對那些迫使我們失去平衡、偏離康莊大道的事件？

(1)**訂下契約**：與你自己訂下一份契約，如果你做到正向成癮活動中的某一部分，你可以獎賞自己——給自己一些獎勵！

(2)**暫時減少高期望**：允許自己做得比預期的少一些。清楚地告訴自己，一旦事情塵埃落定，就要回到原本計畫。

(3)**改變今天目標**：就只有今天，與其完全跳過你的正向成癮活動，稍微量身定做一個不一樣的活動，去減少那個逆境事件帶來的影響。比如，如果你覺得受到天氣的影響，與其去跑跑步機，還不如去散步。如果你不太舒服——因為感冒而上吐下瀉——那就聽聽跟運動有關的播客。

個人動機與成就需求

所有偉大成就的出發點都是渴望。

——拿破崙・希爾（Napoleon Hill，美國作家）

　　根據傑克森、阿默德和哈皮（Jackson, Ahmed, Heapy）1973年的研究顯示，人們對於「成就感需求」包含了以下的具體渴望：

⑴被別人認可
⑵賺更多錢
⑶靠自己的方式成功
⑷被別人尊重
⑸期待圓滿與勝利
⑹認真工作，達到卓越

是什麼激勵了你？

　　不論是你要計劃一項積極必要活動，或是安排你規劃的每日行動以「朝向自己的目標前進」，全然覺知到底是什麼或是誰激勵了你，將會對你很有幫助。以下是一個快速自我檢視的清單，是由成就感需求和我們找到的一些常見動機所組成。誠實問自己，你對以下哪些項目最有感覺？試著找出你的前三名激勵因素。

⑴獲得別人認可
⑵金錢獎賞
⑶工作表現優異而得到的個人成就感

⑷在生活裡減少壓力

⑸不計任何代價，避免失敗

⑹擁有在身體、心智、靈性、情緒或智慧上更加卓越的機會

⑺團隊活動

⑻表達立即的感激

⑼被社會大眾認可（或者需要保持隱私）

⑽與別人連結

　　可能還有些其他動機我們沒有提到，你可以自由地加上你自己想到的。找出個人的動機因素，可以幫助自己量身訂做，強化你的正向成癮。比如，如果第一個項目「獲得別人認可」是你喜歡的，那就找個方法把這個動機因素整合到你的正向成癮中。你可能找自己的家人或親人在這段時間扮演一個重要的支持角色。也許你們可以一週見一次面，喝個咖啡，請對方給你一些正向回饋，或者在約定時間穿簡訊給你，鼓勵你一番，又或者一週幾次在手機上留下一些激勵訊息。有千萬種做法！

　　關鍵是，你能利用你個人的激勵因素（剛剛舉的例子是，「獲得別人認可」），推動自己朝向你的目標前進。

準備程度、意願、與能力

問自己以下四個問題：

(1) 為什麼？

(2) 為什麼不？

(3) 為什麼不是我？

(4) 為什麼不是現在？

這些是很棒的問題，而你的回答將是你「動機菜單」裡很重要的關鍵食材。（後面我們將會填寫一份關於你的強項和缺點的問卷，而這將會給你一個實際的全貌，讓你知道你可以達成什麼、做到什麼。）

現在，讓我們具體聚焦在：

能力

意願

準備程度

能力

能力指的是面對改變時，一個人所擁有的必要技巧、資源與自信。

意願

當然，我們也知道，人們可能有能力改變，但不見得想要改變。意願指的是你有多麼看重實際的改變——你多想要、多渴望或多需要改變？同樣地，你也可能有意願改變，但沒有能力改變。因此，很重要的第一步，是誠實評估你需要什麼東西來幫助你達成正向成癮目標。同等重要地，誠實評估你是否有能力達到這樣的要求標準。

準備程度

有時候，就算擁有意願和能力，也不足以造成改變發生。你是否能回想起過去某時刻，你有意願，也有能力改變，但改變仍然沒有發生？在這種情況下，也許是你還沒準備好。準備程度這個元素是一種燃料，能夠推動能力與意願，造成實際改變的發生。

你的準備程度、意願與能力，能預測你是否能夠成功建立並維持你的正向成癮動機。為了幫助你評估這些項目，思考一下正向成癮的重要性和它所帶來的好處，跟你人生中其他重要事項做個比較，哪個更重要。人生裡是否有任何事，比感覺更美好、更強壯、更快樂、擁有一個更幸福滿足的人生還要重要呢？

接下來？如何開始，如何激勵自己

朋友的三歲女兒告訴我：「我現在不能吃東西，因為我的胃沒有被啟動。」她說得沒錯，因為正是動機，會刺激並促發所有行動——缺乏動機就會造成你哪都去不了，或是無效行動。所以，我們如何促發動機？

除了先前提到的重大生命事件之外，人類也會被許多其他情境和現象激勵，包含心理需求，像是慾望、情緒、衝動、恐懼、願望、愉悅、自我滿足、心靈滿足、喜歡、討厭、目標、抱負、價值觀、勝任感與自由等等。同時，還有生理驅動力，像是生存與實際獎賞（金錢就是一種重大獎賞）。

下一部分，我們將聚焦在如何提升你的動機。

關於改變這件事

大文豪托爾斯泰（Tolstoy）說過，「每個人都想著改變世界，卻沒有人想改變自己。」改變需要技術（學習）和渴望（動機）。學習不該和「表現」混淆，表現指的是學習之後的實際執行。為了成長與發展新習慣，學習是必要的。然而，關於我們能夠走多遠、能夠完成多少，動機就是關鍵。我可能已經學會如何閱讀，但如果我沒有動機把書讀完，我還是不知道故事的結局是什麼。所以，只有技術和渴望一起運作，改變才會發生。

　　有時，我們的渴望不夠強烈，無法投注足夠時間和努力使改變成真。缺乏動機時，改變所需的行動會被拖延而無法發生。有時候我們會欺騙自己，認為自己可以用快速、簡單、不費力氣或不需努力的方式達成目標。真實改變並不會這樣發生。

　　有時候我們會看見人們展現重大決心，在好幾年時間裡持續付出很多努力。你或許可以想起一些人，他們為了改變而展現強大動機決心。比如，有許多激勵人心的故事，有些人在重大創傷後倖存下來，透過強大決心、重新學習某些事物、堅強動機堅持到底，而成功重返幸福人生。

你的目標是什麼？

　　動機，是試圖達成目標。這不僅是設立高遠的目標，而是擁有具體目標，能夠清楚地辨認出它們，找到達成目標所必備的條件。事實上，能夠達成許多目標或是大部分目標的人，通常更沉著冷靜、更快樂、更強壯、更健康、更少壓力，他們能夠掌控自己的人生。

　　正向成癮，既是目標、也是方法。

短期目標與長期目標一起運作

　　在促進改變的過程裡，短期目標與長期目標都佔有一席之

地。如果我們想要達成目標，我們需要把目標分解成許多小步驟。所以，設想一個目標……然後，想像第一步驟……另一步驟……再另一步驟。以下是個例子：

> 長期目標是更健康與更強壯，參與在運動的正向成癮中。
> 身體技巧：我會做幾分鐘運動。
> 自我對話：我會自我對話，用來減少恐懼，強化信心。
> 獲得知識：我會學習更多關於運動的事，避免我的背受傷。

動機需要與目標量身搭配

　　因為每個人都不一樣，為了達成目標所需要的動機也不一樣。你的個人動機需要「與目標量身搭配」，意思是它可以同頻到你的個人需求與目的。

　　以下的建議就只是建議。適用一個人的，不會適用在另一個人身上。把這一點牢記在心，這樣你才能自由混合、配對各種策略，必要時候想些新的策略，而不是行差踏錯，認為「這是神的旨意」，你不值得擁有夢想實現！不同人會使用不同方法來量身搭配目標。我們接下來會討論「正向策略」、「個人風格取向」、「聚焦在任務的動機」，以及「可達成的目標」。任何一個或者全部都可能對你有效。我們探討一下。

正向策略

當找到目標裡的具體元素，請記住，正向小目標會比負面小目標更激勵人心。「我選擇發展更多堅忍不拔的毅力」會比「我想要自己不那麼焦慮，不去擔心會不會達成目標」更具鼓勵人心的作用。當你開始你的正向成癮練習時，這個正向策略會很有幫助——當你遇到無可避免的路障擋住前進道路時。

正向策略其中一部分是創造一個你最愛的激勵格言清單。將它們放在你看得到的地方。這是種快速的激勵刺激。以下是一些例子，你可以想到更多更多：

最好脫離困境的方式就是穿越它。

──羅伯特・佛洛斯特（Robert Frost）

做你自己，永遠都不嫌太晚。

──喬治・艾略特（George Eliot）

對於明天最好計畫就是，今天拼盡全力。

──傑克遜・布朗（Jackson brown）

改變你的想法，就改變了你的世界。

──諾曼文森特・皮爾（Norman Vincent Peale）

相信自己做得到，你就已經成功一半。

　　　　　　——西奧多・羅斯福（Theodore Roosevelt）

奇蹟來自困境。

　　　　　　——尚・德・拉布呂耶爾（Jean de La Bruyere）

個人風格取向

　　當要量身訂做你的目標時，另一個重點是你的個人風格取向。你是行動派，還是老練派？

　　行動派的人，把學習看成是在他們的掌控之外的事。他們很可能致力於獲得外在關注，認為失敗是自己因為缺乏成功的能力（也不是一個人能夠恢復的）。他們通常需要外來的激勵和鼓勵，他們通常展現較弱的自制能力。

　　老練派的人理解成功是奠基於精熟的技巧、能力組合。他們通常比行動派的人更努力練習（他們相信「學習」是可能的），會獲得更高水準的成功，他們會自我管理。

　　行動派的人在面對路障時，很可能很快就放棄，因為覺得自己能力不足。老練派的人在面對相同路障時，比較可能增加練習與努力。

　　你的個人風格取向是什麼呢？了解自己的風格取向，可以幫助你將目標分解成較小、可達成的小區塊。比如，如果你知道自己是行動派，那就事先計畫，對路障進行有效管理，而不

是等到路障出現，被路障激起的情緒困擾著。這樣的遠見會幫助你回應，「很好，我有事先計畫到這部分。我可以……」。

聚焦在任務的動機

　　爲了有效率，動機必須要聚焦在重要任務上。很多時候我們浪費時間在不重要的事情上，而不是全然聚焦在必要且適當的事情上。當你把時間投注在眞正重要事情上，效率會大幅提升。你的正向成癮計畫需要你投注必要的時間。而你獲得的回報將是：你發現最棒的自己——帶著聚焦在任務的動機，朝向一個眞實改變生命的長遠目標前進！

可達成的目標

　　具挑戰性又可能達成的目標，本身就很激勵人心。如果一個目標太容易達成，它將變得無趣、沒意思，動機很快就消失了。另一方面，不可能的任務也會讓人感到挫折，動機也經常跟著消失。當我們感覺自己有能力、有責任、被激勵、自我管控、被尊重並有希望時，我們感到最受激勵鼓舞。所以，當你準備要開始你的正向成癮時，檢查你的終極目標，也檢查較小的、一小步一小步的目標，確保它們合理又富有挑戰性。

十個激勵動機關鍵祕訣！

　　這一章，我們講了許多關於動機的事。最後一部分是一個關於祕訣的快速清單，用來幫助你激勵與維持你邁向正向成癮的動機。先前我們已經完整地討論過這些內容，所以，這些小祕訣是提供你一個快速濃縮立即參考。

(1)一次一小步慢慢走

(2)將你的目標視覺化（貼照片、貼格言在冰箱上）

(3)運用好朋友支持系統

(4)練習耐心

(5)記錄你的進步

(6)經常自我增強／鼓勵

(7)知道你自己為什麼要做某件事（作一個檢查清單）

(8)正向思考

(9)聚焦在你的成功，而不是你的失敗，但絕不要連續跳過兩天沒做。（就算情況緊急，需要作出調整，堅持你的承諾）

(10)預先計畫，運用正向自我對話來增強信心：「我必須現在開始！」、「我會邁出成功第一步！」、「我會重新再來一次！」

喬治行動了

在一個沒那麼順利的出發之後，喬治退步了，他重新評估他的動機，以及目標的可達成性，然後繼續他的旅程。這一次，他一小步一小步慢慢前進。他降低自己對於運動時間的期望，至少現在是這樣，他接受一個事實，他的激勵來自於取悅別人勝過於取悅自己。因為他決定放慢步伐，疲累與時間限制所帶來的負面影響減少一些，他感覺自己更加準備好要追求他的正向成癮了。

展望未來

動機在整個過程中都是一個好夥伴，但就像任何夥伴一樣，你需要關心它、滋養它、檢視它、這很重要。以下幾個練習，幫助你照顧好你的夥伴。

活動 11

我的強項、我的弱項

活動目的：聚焦在你偏好的人格類型，想像一下你的正面和負面。

⑴ 思考一下以下這些人格類型：

頭腦型、內省型、戶外型、服務導向型、關係導向型、推進型、生產力型。

你覺得自己最接近哪個類型？在下一頁的表格或空白紙張上，將它寫在最上面。（如果你用另外的空白紙，在紙中間畫一條直線，分成左右兩邊，在一邊的上頭寫一個「＋」，另一邊寫「－」）。

⑵ 別想太多，快速寫下關於自己的事（身體、心理、情緒），連結到你的人格類型，然後把它們寫在適當欄位裡。比如，如果你選擇「戶外型」，你可能會在負向那欄寫下「待在屋子裡會感到沮喪」，在正向那欄寫下「呼吸新鮮空氣」。

⑶ 持續進行，直到你所有天馬行空的點子都用完了。接著詳細檢驗你的欄位。某一邊是不是比另一邊長，如果是的話，為什麼？你能主動改變些什麼，好讓兩邊欄位變得平衡些？

⑷ 檢視一下你寫的這一頁，把它當做一個指標，了解在人格
類型裡你是如何看待自己。這提供你一個視覺化效果，看
見你的「強項」和「弱項」，而這也是你選擇的人生風格。
有時候，只是簡單地看著這張清單，你就會感覺有力量，
被鼓舞。

你的類型：＿＿＿＿＿＿＿＿＿＿＿＿＿＿＿

＋	－

| 活動 12 |

把鏡頭拉遠

活動目的：找到一個生活情境，可能在你正向成癮旅程裡帶給你麻煩，看著這件事，也想著它，感覺它被移開，或是「把鏡頭拉遠」。

⑴ 再次檢視之前列出的潛在問題清單，選擇一個你感覺很困擾的：

壓力程度、重大生命事件、認出你的負面行為、外在獎勵、時間限制、疲累。

⑵ 在下一頁圓內，快速地畫一個小小圖像，這表示你選擇的情境。比如，如果你選擇「疲累」，你可能會畫一個佈滿血絲的眼睛。請注意，你畫了什麼或是你畫得怎樣，都不重要。這個圖像只給你自己看。它甚至可以是很抽象——你知道那是什麼就好。

⑶ 以圖樣為中心，向外放射地畫同心圓。在每個圓環裡，都留些可以畫畫或寫字的空間。

⑷ 在每個圓環內，畫下一些與中央圖像相反的東西。換句話說，下一個圖像是用來減少中央圖樣的力量。每一個接下來的圖像，都會讓中央圖樣的影響力變得更少一些。比

如：在剛剛那個佈滿血絲的眼睛圖像之外，可能是一杯咖啡的圖像（如果你想要，也可以用文字表達）。在下一個圓環，也許一個冷水澡出現了，接著是快走、活力早餐，然後接著是廣播上播放的歌。重點是，聚焦在所有可以克服中央「議題」的情境或活動上，好讓它減少對你的困擾。這並不是說你可以立刻「移除「中央議題，而是你找到方法有效地「把鏡頭拉遠」，這樣可以更有效率地處理它。

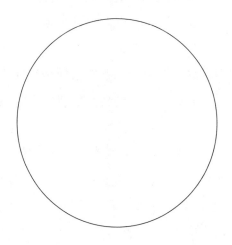

| 活動 13 |

我希望……

活動目的：鼓勵你去想像對於正向成癮的一個最佳結果，然後為這個結果注入動機。

⑴ 在下頁的「我希望……」之後盡可能寫下最多的結局。答案沒有對錯，不論結局是關於個人或是全世界；讓自己充滿創造力。「我希望地球不再有污染……我希望我的戶頭有更多錢……我希望在隧道盡頭看見光……」。怎樣寫都可以，開始！

⑵ 檢視你寫的清單，思考一下哪些事情是在你的掌控之中，至少某些程度上是。然後把其他不在你掌控範圍內的結局刪掉。

⑶ 思考一下，關於那些留下的事情，有沒有什麼事情是你可以做，以幫助你自己實現願望的。（如果你把所有內容都刪光了，再試一次，讓你的願望更加與你自己有關！）

⑷ 練習結束時提醒你自己，你「真的」可以掌控的事情很多，而你的個人掌控能力與你的行動動機習習相關。

我希望……

| 活動 14 |

是的，但是（二）

活動目的：如果我們願意，我們有能力看見正向的那一面，而不是負面的那一面。

⑴ 閱讀以下每個句子，完成一個「是的，但是」的句子，提供一個正向結果。例如：「我的狗走失了……」，「是的，但是許多朋友和鄰居都在幫我尋找牠。」

我的工作真的很辛苦。
是的，但是 ＿＿＿＿＿＿＿＿＿＿＿＿＿＿＿＿＿＿

我今天忘了吃午餐。
是的，但是 ＿＿＿＿＿＿＿＿＿＿＿＿＿＿＿＿＿＿

我已經沒錢了，而且還有十天才發薪水。
是的，但是 ＿＿＿＿＿＿＿＿＿＿＿＿＿＿＿＿＿＿

我的孩子是令人討厭的青少年。
是的，但是 ＿＿＿＿＿＿＿＿＿＿＿＿＿＿＿＿＿＿

我的車又拋錨了！
是的，但是 _____

我把錢包忘在家裡了。
是的，但是 _____

(2) 重新檢視你的「是的，但是」回答。現在思考一下，句子後面可能產生負面結果是什麼，寫下來。

我的工作真的很辛苦。
是的，但是 _____

我今天忘了吃午餐。
是的，但是 _____

我已經沒錢了，而且還有十天才發薪水。
是的，但是 _____

我的孩子是令人討厭的青少年。
是的，但是 _____

我的車又拋錨了！
是的，但是 _____

我把錢包忘在家裡了。

是的，但是 _____

　　你會很快看到我們的重點是什麼，動機程度與你看事情的角度有直接關聯。如果你看見杯子有一半是空的，你的動機就會很低。如果你看見杯子有一半是滿的，你的動機就會很高。

第九章

名流文化
（我們為何在乎？）

去做一件你認為自己做不到的事。失敗了，再試一次，第二次
會做得更好。那些從未跌倒的人，是因為他們從未爬上高處。
現在就是你的時刻。認真把握！

——歐普拉・溫弗瑞（Oprah Winfrey，美國脫口秀主持人）——

誰在乎明星在做什麼？

提摩西・高菲爾德（Timothy Caulfield）在他所寫的《桂莉芙・柏德露全都說錯了》（Gwyneth Paltrow Wrong About Everything, 2015）這本書中指出一種現象，人們不認爲名流文化對他們自己的生活有影響。我們可能會這樣想，「當然，這個明星有很大影響力，但完全不影響和我的生活。」（取自2016年8月的一段訪談）高菲爾德特別感興趣的是關於名流文化對人們行爲的影響。

思考一下：流行文化會影響我們既有的想法偏見。比如確認偏見。一個明星在嚴格的節食或是減肥藥影響之下，看起來是變瘦了，而這個明星的影響力和他的生活動態使得他的證詞看來更加有說服力、更加眞實強大。明星的形象讓我們看到明星圈與減肥有一個明顯的正相關──就算我們清楚知道要去忽略他的證詞！如同沙阿（Shah）在2012年的研究指出，「樂觀偏見其實是有神經生物學基礎的廣泛現象。」

你被名流文化影響了嗎？

你可能覺得全然掌控自己人生，沒有被任何名流文化影響。但如果你誠實地回答以下的是非問卷，你可能會大吃一驚！記得，沒有人在看你的答案！

明星與我

□是 / □否　⑴ 我偶而會為了打發時間而買流行文化雜誌，像是《時人雜誌》（*People*）。

□是 / □否　⑵ 我在等候區打發時間，會翻閱流行文化雜誌。

□是 / □否　⑶ 我喜歡看頒獎典禮，最主要是看看這些明星穿什麼禮服。

□是 / □否　⑷ 我（有時候或經常）與朋友談論明星八卦。

□是 / □否　⑸ 我（有時候或經常）覺得明星這麼有錢很不公平。

□是 / □否　⑹ 我承認（儘管只有一點點）我會嫉妒明星所擁有的一切——坐擁豪宅、奢華生活、昂貴衣服等等。

□是 / □否　⑺ 我（有時候或經常）看有明星受訪的電視節目。

□是 / □否　⑻ 我欣賞某些明星對於環保和關懷人性所做的努力。

□是 / □否　⑼ 我欣賞，甚至是嫉妒，明星的光鮮亮麗外貌。

□是 / □否　⑽ 我會根據我看到或聽到的，把某些個人特質加到明星身上。

　　以上問卷如果你有超過一半回答「是」，那麼你（如同我們很多人一樣）是有受到名流文化的影響的。

社會比較研究

關於社會比較，有個很有趣的科學研究（Strathan, Erin J. et al., 2006）。在大部分人類歷史裡，我們互相比較的對象是村落裡的你我他。我們彼此互相比較。

但在今天，我們的社會比較對象變成了跟明星比較。明星的形象無所不在，無孔不入。而這些明星形象可能不真實——使用修圖軟體、美化、粉飾、整形手術——名流文化好像主宰了人們的行為，也決定了社會可以接受的標準。

讓我變美麗

孔老夫子說：「萬物皆有動人之處，然非眾人皆能洞悉。」我們相信這說法嗎？

名流文化的影響其中一個最簡明的例子是，日漸普及的美容整形手術。這是一種相對來說很極端的行為。整形手術是奠基於流行文化所產生的社會標準，而去改變你的身體或臉蛋。要是沒有流行文化的推波助瀾，這些標準並不存在。比如，我們喜愛凱特‧密道頓（Kate Middleton）的鼻子、珍妮佛‧安尼斯頓（Jennifer Aniston）的手臂，或是金‧卡戴珊（Kim Kardashian）的美背，然後盡可能獲得類似的美麗。

男人做整形手術的風潮也日漸增加中。男人做整形手術的動機是，想要增強或提升某個東西，或者跟權力有關，或者是

跟男人魅力有關（Dr. Andrew Kim: 2014）。隆鼻、割雙眼皮、除皺紋，這些手術讓男人覺得自己看起來更健壯、更苗條、更年輕，甚至更有「男人味」。

有很多正當理由去做整形手術，但是擁有安潔莉娜‧裘莉（Angelina Jolie）的嘴唇不算正當理由。

模仿名流文化有任何演化論上的解釋嗎？

關於演化的情境，有些推論性的研究（Caulfield, 2015）。研究推論，自古以來人們會追隨頂尖、厲害、聲望高的人。遠古人類認為，這些人擁有很棒的技能或天份，比如很會打獵、很會採集食物，或是身懷絕技，這些高強能力造就他們的身分地位。模仿這些厲害的人就是一種生存手段。換句話說，去學習比自己厲害的人是一種先天生物本能。在過去，這是一種耐力學習工具，而現在，這部分比較像是盲目追隨——大腦把明星成功的光環跟我們的適應行為連結一起。儘管我們不需要變得像明星一樣才能生存，但我們就是想要跟他們一樣。

明星的一舉一動對我們的行為有很大影響，不管我們相信與否。脫口秀主持人歐普拉‧溫弗瑞（Oprah Winfrey）推薦的書籍肯定衝上暢銷書排行榜。而奧斯卡女星珍妮佛‧哈德森（Jennifer Hudson）告訴我們一種減肥的方法，我們馬上照做不誤。《星艦迷航記》裡的寇克艦長說我們應該用某個網站訂酒店——我們照做！

外表很重要……

　　大量研究顯示，外表好看的人在社會上有比較多優勢，名流文化更是強化了這個看法。社會大眾相信「外表很重要」，所以我們應該花時間、金錢在「提升」自己的外表上面。明星創造了一個社會標準、創造了一個「流行趨勢」，然後醫學美容機構不斷提醒我們，我們應該看起來像明星一樣，要跟著做明星做的事。

　　想像一下一個尷尬的情境，人們要求醫美醫生做個整型手術，想要複製某個明星的外貌，手術完了卻發現，結果與當事人期望落差很大。這是社會比較現象的一個簡單例子。社交媒體所投射出來的形象是不切實際、虛假的，但大家仍然前仆後繼地跟進。

在你眼前

　　名流文化滲透到社會各個層面，儘管大家都知道對於明星代言的產品要態度保留。比如，電視明星奧茲醫生（Dr. Oz）儘管受到很多人質疑他所代言的產品，但他所推薦的產品和觀點持續影響社會大眾。這是一種我們所熟知的「現成偏差」（Tversky & Kahnman, 2002），意思是我們很容易讓現有、現成的東西影響我們做決定，即使你明知它不對。當我們要做決

定時，特定明星風格帶動的流行風潮，會凌駕我們正常的理智思考之上。

瀑布效應

　　不斷累積、交互作用的自我增強假設稱之爲「瀑布效應」（Kuran &Sunstein, 1999）。如果你說一件事說了很多次，它就變成眞的（中國人說的「指鹿爲馬」）！很多明星、名人、政府發言人、政治家都會用這種方法。他們重複同樣的謊言、或是半眞半假的事情，說得夠多次了，人們就開始相信了。這方法很有效。

　　想像一下：最近明星們很推崇無麩質飲食。你的醫生有告訴你要實行無麩質飲食嗎？不太可能。這可能只是空穴來風。同樣地，生酮飲食和排毒方法越來越流行，因爲明星們大力背書推廣。這些方法眞的適合你嗎？你是否有深入研究了解？

　　明星們似乎背負著「教育」社會大衆的任務，教導我們如何淨化身心靈、排毒、如何榨果汁，甚至如何幫我們小孩接種疫苗。回想一下，在過去，明星是否也「教導」我們如何抽菸和喝酒，因爲那是一種時代潮流、世故老練的象徵！

　　有沒有可能調轉方向，教育明星去推廣正向成癮，而不是聚焦在負面八卦或是捕風捉影的腥羶事物上？這並不容易，因爲整個影視娛樂圈都從流行風潮中獲得很大利益，他們在催眠你，加入我們吧，你會變得更好！

　　我們必須提到，有些明星公開承認他們有負向的成癮行為，以及他們如何改變自己，投入正向成癮的懷抱，我們相信這種成功案例幫助過許多人。請多多推廣正向成癮，少一些虛假背書。

名人影響力在何處有幫助、在何處沒幫助

　　美國學者（Fairburm, Welch et al.,1997）曾經建議，明星應該聚焦、倡導哪些好議題。思考一下安潔麗娜‧裘莉和泰勒絲（Taylor Swift），她們兩人都對於癌症篩檢大力推廣提倡。研究學者認為，明星應該要避免這一類複雜的議題，因為這可能把癌症這件事過度簡單化，長遠來看衍生更多問題。學者建議，明星最好是聚焦在一些根本的議題上，像是乘車繫安全帶的重要性，規律運動，以及適量飲酒。

　　名流文化的問題是，就算明星可能基於很棒的出發點而提倡、宣導某事，當他們對於所倡導的議題沒有完整了解或是學習時，事情還是有可能出差錯。一個明星個人經驗——「這對我有用」——並不能一概通用、適用在其他人身上。

我們的天性

　　當考量到名流文化對我們生活、習慣和成癮等等各方面的

重大影響時，我們也要考慮到一個個人「天生本性」的問題。
這裡的指的是我們的內在喜好，以及我們的本性會影響我們的
行為。比如，人類天生會懷抱希望，有時候想要報復，也會對
於新的冒險感到緊張焦慮。我們很多「壞習慣」，像是暴飲
暴食、懶惰，可能也是天性的一部分。

　　關於人們傾向於適應壞習慣或是好習慣，以及我們社會是
如何架構在這些傾向上，有很多推論研究。比如，我們會選擇
怎樣的休閒活動，是每天看電視（壞習慣），還是每天規律運
動（好習慣），這些選擇可能是先天決定的。而這些「壞習慣
」過去曾經保護我們，因為它們可以幫我們保存能量（在家看
電視）。

　　想像一下，遠古時代的老祖先會盡可能吃飽吃滿，儲存更
多卡路里，因為他們不知道下一餐會在哪裡。這已經是幾十萬
年以來的人類天生本性，甚至可能比人類的存在還要早上百萬
年；要改變這個天性，需要下定很大決心。

關於完美的爭議

　　一個很有趣的矛盾現象是：全世界百分之六十、七十的人
都是肥胖或過重，而我們都想要擁有明星般纖細苗條的理想身
材。這個矛盾的身體意象會造成人們採取極端的手段——厭食
症和暴食症。

當然，很多明星都盲目地想要永保青春──我們絕大多數人也是──我們都困在永保青春的監牢裡。我們都認為，明星不可以變老。我們想要永保年輕、身材苗條、充滿吸引力──這些都是名流文化所帶來的陷阱。

身體意象有多重要？

「一個勻稱、健康的身體──這就是流行的最佳代言」，潔絲‧史考特（Jess C. Scott）這樣說。

身體意象是你對自己外表的主觀經驗，這關乎你如何看待你的身體，以及你相信別人怎樣看待你。身體意象跟自信心有直接關係，就連年輕人也會受到這股力量的影響，尤其現在社交媒體這麼普遍、無孔不入。

有非常多的女性對於自己身體意象感到焦慮。根據研究，女人甚至到了八十歲都還會擔心自己的身體看起來如何（Clarke, 2002; Kay, 2012）。而另一個極端狀況，根據我的臨床經驗，很多年輕女性對於自己身材沒自信，他們太過在意身材，因而不敢去運動；很多外型比較不討喜的年輕女性，會因為過於在意身材因而不敢去運動。研究指出，過於在意身材而不去運動，已經變成青少年運動的主要阻礙（Robbins, Pender, & Kazanis, 2003）。再次強調，我們已不再把自己跟身邊的朋友、家人做比較，反而是拿自己跟所謂的網紅、明星、修圖後的照片作比較。網路世界會確保我們沉浸在一個虛幻的帥哥美

女圖像裡。

這個跟你的正向成癮有什麼關係？

名流文化有很大潛力，可以對你的正向成癮產生深刻影響力，比你原先想像的還更有效力。

比如，如果你發現自己選擇的正向成癮，跟時下流行文化中那些很酷、很有吸引力的事情背道而馳，那你可能發現自己要打一場硬仗。比如，我選擇一個正向成癮目標是「接受自己擁有健壯的體態」，而要達成這件事是透過健康飲食，而不是減肥飲食。「保持健壯體態以及堅持健康飲食」，是完全相反於「不計成本代價獲得苗條身材」，因此我很難找到一個值得我模仿的明星榜樣。另一方面，如果你選擇的正向成癮符合名流文化的標準，像是減肥，或是挑戰困難的健身運動，你會找到很多強化支持你行動的明星案例。

有些時候，名流文化跟你的正向成癮一點關係也沒有（每天花一小時繪畫、學法文、編織毯子給流浪漢），當你的興趣不受重視時，這可能會有問題。或許你會感覺你的正向成癮活動「太過於小眾」，跟時代潮流脫節，而想要找個更符合流行趨勢的正向成癮活動！

在這一章，我們刺激你思考這一切，目的是希望你可以從特定的限制和壓力中脫困，你可能自己都沒發現自己多麼受到

名流文化影響。理解這些名流文化就是跨出自在做自己的第一步。愛因斯坦（Albert Einstein）曾說過，「就連傻子都知道，關鍵就是理解。」

理解名流文化對你的影響，這可以幫助你辨認出它們如何暗中創造你的內在反應——抗阻、不安全感、矛盾感——然後你就可以更有自信地大步邁向你的正向成癮目標。

就連喬治都感覺到壓力

喬治從沒想過自己是名流文化底下的犧牲品，但他發現他經常拿自己跟男明星相比較，那些男明星都擁有完美的身材，有很多時間可以運動。這讓他再次感到絕望和自我懷疑，他想要提早下班去運動這個想法也變得困難，因為他從來沒有體驗過這些理想狀態。他覺得自己注定是失敗的，他的舊心魔再次出現。還好，他的導師幫他一把，他可以看清這個想法是無用的，給自己設定些實際可行的目標。

展望未來

我們設計以下活動來引領你邁向正向成癮，保持在真實、確切之中，而不是淪為假象的獵物。

｜活動 15｜

快樂感恩

活動目的：幫助你欣賞那些你覺得感恩的人、情境或事物，多發現感恩的人事物，而不是陷在名流文化裡（或是流行文化）。

⑴ 我們都有很多要感激的人事物，就算情況看起來很糟糕。祕訣是回想起，並欣賞那些「快樂的感恩」，特別是在黑暗、挫敗的時刻。找一張空白紙（你也可以用下一頁空白頁），然後在上面寫下「我很感激……」。

⑵ 閉上眼睛，做三次深呼吸，每次深呼吸時，想著「我很感激……我很感激……我很感激……」。

⑶ 不用去想「最棒」、「最完美」、「最值得」感激的事，只要簡單地寫下所有出現在你腦海裡的東西。這是一個快速腦力激盪的活動，這個清單範圍可以從每日生活小事到終生難忘的重大事件。以下是一個簡短清單範例：

風和日麗

我的老婆／老公

我的小孩

我的工作

我的健康

我的幽默感

下雨了

(4) 當你的念頭慢下來時，就可以停止檢視一下你的清單。在
　　「糟糕」的日子裡你記得這些事情嗎？如果忘記了，你的
　　目標就是回想起所有那些「快樂的感恩」，尤其是人生艱
　　難時刻、低潮時刻。

(5) 再看一次你的清單。有沒有哪些人／事／物在第一次書寫
　　時沒有出現的？思考一下可能的理由。現在，擴展你的清
　　單，盡可能地寫下所有「快樂感恩」，越多越好。

(6) 在你的皮夾或是大衣口袋裡留一份清單備份。當你覺得心
　　情不好、懶惰或是沒安全感時，把這清單拿出來看一看。

我很感激……

| 活動 16 |

是完美的或是虛假的？

活動目標：學會接受一個事實：沒有人是完美的，我們所認定的「完美」，事實上都是人造的，或是表面的。這個活動幫助你學會欣賞自己。

注意：完美是不切實際、無法達成、反覆多變的。然而，大家都告訴我們要追求完美。在可能和不可能之間的不一致，是很難拿捏掌握的。

(1) 拿一張白紙（或是用下一頁所附的人形圖像），在紙上畫滿一整頁的巨型「薑餅人」。（畫得如何並不重要）

(2) 在薑餅人線條內，快速寫下你心中對於完美的人所有特質描述，包括生理和心理特色。以下舉些例子：聰明的、永遠年輕貌美、漂亮、優秀的、慈悲的。

(3) 繼續不斷寫下你所想到的，直到填滿整個薑餅人，或是你已經想不到任何「完美」點子。

(4) 花些時間，檢視一下你寫了什麼。有多少完美特質是不切實際的？把這些不切實際的特質圈起來，把他們看成「虛假的」，一般人根本做不到，就算做到也難以持久。

(5) 檢視一下那些沒有被圈起來的。這些是真實人生裡的個人

特質。你覺得這些特質可以拿來描述你嗎？有哪些特質是
你可以培養、創造的？

你可以思考一下

(1) 你覺得為什麼我們要把名流文化帶進來這一章討論？這些
　　內容是否讓你思考，到底我受到名流文化的影響有多少？

_____

_____

(2) 回想一下，有哪一次你某種程度上受到明星的影響？你受
　　到什麼影響？這個影響是否改變了你，或是沒有改變你？

_____

_____

(3) 你的「身體意象」是什麼？請誠實作答。在你的人生中，
　　身體意象是否扮演重要角色，影響你做事，或是不做事？

_____

_____

(4) 「確認偏見」可以說是明星影響我們做事／說話／信念最
　　普遍的一種方法。這對你來說，意味著什麼？你有受到
　　「確認偏見」的影響嗎？（再一次，我們說的是，那些不

見得有事實根據的理念／想法，透過明星推銷而產生影響
力）。

⑸ 誰是你的導師或是效法榜樣——可能是身邊周遭的人——
他們可以在你的正向成癮道路上提供幫助。把這個人當成
明星——你的專屬明星。找到他／她所擁有的個人特質，
不但鼓舞你做出正確選擇，也是你想效法模仿的特質。下
一次當你發現被其他明星吸引誘惑時，想一下你的個人導
師，你的專屬明星就在這裡！

第十章

三十天，三十步驟：
動起來！

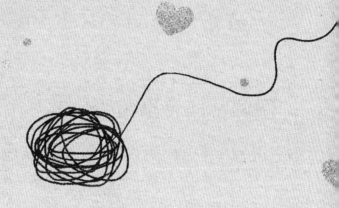

別讓你的夢想等待；把你的藉口放到一邊。

──桑默・巴克漢（Summer Brackhan，小提琴家）──

　　你現在邁出的步伐，將會帶領你改變你對自己及生活的感覺。擁抱一個正向成癮——或許兩個——會帶來清新的活力、觀點，還有各種可能性！

　　到目前為止，你所學習到的東西都將一步步帶你前進，構建成一個漸進、可行的進步，終將抵達成功。每前進一步，你都將會感覺到越來越有能力、越來越有自信。

四個「注意事項」

　　⑴ 注意「每一天」都有一個相關聯的步驟，按部就班地前進——**第一天＝第一步；第二天＝第二步**，以此類推。每一天內容逐漸增加，奠基在前一天的基礎上，你會自然而然進步，你的覺察、能力和技巧也越來越強大。因此，到了第五天時，你的能力自然已包含了第一到第四天完成的練習。

　　⑵ 請注意，因為我們每個人都是獨一無二的，不見得每個人都想精準地按照列出的每一步驟前進。比如，在追求正向成癮的過程中，你可能需要提早用到第十六天的練習資料。因此我們建議你，在開始前，至少將這三十天的步驟完全看過一遍。任何路途中的路障，都可能照著順序所提供的策略裡獲得解決，如果需要往前跳過幾步驟來解決當下問題，你完全可以幫自己量身定做。當你需要的時候，簡單地運用書中的指引。記住，你不是「逃避跳過」，你只是簡單地從未來先借用一下。

⑶ 注意到每天你所承諾投入時間是一樣的，就算有時候時間長短不一。比如，你的目標是每天投入三十分鐘在正向成癮活動上，而某一天的練習步驟是「填寫問卷」，這只需要花你十五分鐘時間，那你就有多出來的十五分鐘可以投入在正向成癮活動本身。

⑷ 請注意，儘管我們設計成三十天／三十步驟的形式，但很有可能你不需要三十天裡其中某些練習。然而，有備無患總是好的，所以不要跳過或是不練習。在第十二天看似無用的練習，可能在第二十七天帶來不錯的效果。我們邀請你認真完成完整的三十天計畫，以確保它帶來的助益可以遠遠超過三十天──事實上，我們希望維持一輩子的正向成癮。

　　每一個不曾起舞的日子，都是對生命的辜負。

　　　　　　　　　　　　　──尼采（Friedrich Nietzsche）

一陣旋風

　　想想一陣旋風的樣子：一開始時很小，然後漸漸增加大小和速度，直到它成為一個巨大、完整包覆的個體，就好像帶有獨特生命力。你朝向正向成癮的成功旅途路上也是如此，一小步一小步逐漸增加，每一步都踏穩在之前的一步上，如此一來，在初期你需要緊緊抓住的東西（自信心、決心、紀律）最後會反過來支持你！

金色階梯

另一個比喻是，有一座美麗金色階梯通往屬於你的勝利寶座。只要你到達了那裡，你就能夠全然地感覺到：你所努力的正向成癮已成為美好生活中自然的一部分，而你讓自己美夢成真！

第一步總是最陡峭，當你落實越多行動和行為，每一步變得更加平穩、輕盈。這個逐漸累積的經驗開始產生它的自發動力，在幾步之後（出現時間因人而異），來到某個點，那個平衡開始改變，你將發現自己無法自拔地被動力推著向前進，而很難退步。

我們的嚮導，珍

珍是一位真實存在女性的化名，我們以她的三十天旅程作為一個例子，來啟發激勵我們自己。

珍的個人簡介

珍是一名中年女性，已婚，有三個孩子，分別是 6 歲、10 歲與 12 歲。在結婚生子前，她是一位苗條、有魅力、積極主動的會計師。婚後，為了符合大家的期待，她選擇在家當個賢

妻良母。年輕時她曾涉足藝術，且對水彩畫特別感興趣，這在過去帶給她莫大的享受。自從結婚以後，她已經很久沒有再碰過畫筆了。

最近發生一些事，帶給她生活很大的壓力。她開始感到無能爲力、被困住，對外界事物失去興致，並感到憂鬱。憂鬱症狀導致她飲食失調，越來越胖，而這又成爲另一個壓力來源。

她的治療師建議她嘗試我們的三十天計劃，珍願意試試看，並對於培養一個屬於她自己的正向成癮這件事感到興奮。回想起過去她對繪畫的熱愛，她開始認眞考慮重新追求藝術，但她覺得自己沒有時間和精力認眞地做這件事。無論如何，她的治療師給她很多支持，她開始了三十天／三十步驟的計畫。她選擇的正向成癮是水彩繪畫，而她的目標是每天花一個小時在這個「好習慣」上。

成功

練習，練習，再練習

面對否認和羞愧

了解正向成癮是一個過程

改變你的身份

挑戰信念系統

發展正向交互成癮

反制約

運用模式中斷

運用比喻

做個違反常理的人

避免「應該」用語

尊重阻抗

處理祖傳之物

宣誓獨立

創造願景

增加訊息

不給自己找理由藉口

覺察焦慮

緩步前進

在脆弱中找到強項

效法卓越榜樣

找其他人參與其中

擷取正向渴望

聚焦現有的正向成癮

思考過去成功經驗

填寫一份問卷

重視你的個人風格

找到協助者

評估準備狀態

點燃熱情

圖表 10-1・金色階梯

第 1 步：點燃熱情

在起跑點上，抱著一顆好玩有趣、清晰、正確的心態前進。這跟意志力或是動機沒有關係。你專注的能力，保持在今天這個當下，展開許多細微的小步驟，這會幫助你看見、聽見、感受到甚至嚐到正向成癮的滋味，這會成為你心靈的一部分。最棒的正向成癮是透過能量、熱情和適當的樂觀繼續燃燒著。

具體做法

(1) 提醒自己，正向成癮會帶來幽默好心情，同時負向成癮在人生中則沒有什麼意義。

(2) 了解到你是經過周密思考才選擇了你的正向成癮活動，因此，你可以沉溺於其中，而不需要有罪惡感。

(3) 回想起在生命裡，你曾經有過的「燃燒熱情」的時刻。專心感受一下；重新釋放當時的激勵想法、感覺和感受。

珍的第一天

她回想起每個孩子出生的那一刻，重溫在生小孩時那種無比的幸福和滿足感，然後把這些感覺用來思考如何實現她的正向成癮計畫。她對於即將展開的旅程感到興奮，但今天她沒有多做其他的事，只有數次告訴自己，「我很開心又要重新開始繪畫了」。

第 2 步：評估準備狀態

　　一個準備好的狀態，是你採用所需的工具去完成一個實際的項目。丹・加特瑞爾（Dan Gatrell, 2013）曾說，這不是一個知識狀態，而是一個心智狀態。有些人透過社交人際關係、決心、技巧組合、個人特性，或「堅持到底」來評估準備好的程度。思考一下：你需要怎樣的空間或裝備幫助你追求正向成癮？

具體做法

(1) 完成以下十個理由填空：

我知道我能做到＿＿＿＿＿＿＿＿＿＿＿＿＿＿＿＿＿＿＿

因為＿＿＿＿＿＿＿＿＿＿＿＿＿＿＿＿＿＿＿＿＿＿＿＿

因為＿＿＿＿＿＿＿＿＿＿＿＿＿＿＿＿＿＿＿＿＿＿＿＿

因為＿＿＿＿＿＿＿＿＿＿＿＿＿＿＿＿＿＿＿＿＿＿＿＿

因為＿＿＿＿＿＿＿＿＿＿＿＿＿＿＿＿＿＿＿＿＿＿＿＿

因為＿＿＿＿＿＿＿＿＿＿＿＿＿＿＿＿＿＿＿＿＿＿＿＿

因為＿＿＿＿＿＿＿＿＿＿＿＿＿＿＿＿＿＿＿＿＿＿＿＿

因為＿＿＿＿＿＿＿＿＿＿＿＿＿＿＿＿＿＿＿＿＿＿＿＿

因為＿＿＿＿＿＿＿＿＿＿＿＿＿＿＿＿＿＿＿＿＿＿＿＿

因為＿＿＿＿＿＿＿＿＿＿＿＿＿＿＿＿＿＿＿＿＿＿＿＿

因為＿＿＿＿＿＿＿＿＿＿＿＿＿＿＿＿＿＿＿＿＿＿＿＿

⑵ 完成以下句子：

我已經擁有某些特質，可以確保我成功的那些特質是：

＿＿＿＿＿＿＿＿＿＿＿＿＿＿＿＿＿＿＿＿＿＿＿＿＿＿＿

＿＿＿＿＿＿＿＿＿＿＿＿＿＿＿＿＿＿＿＿＿＿＿＿＿＿＿

＿＿＿＿＿＿＿＿＿＿＿＿＿＿＿＿＿＿＿＿＿＿＿＿＿＿＿

＿＿＿＿＿＿＿＿＿＿＿＿＿＿＿＿＿＿＿＿＿＿＿＿＿＿＿

＿＿＿＿＿＿＿＿＿＿＿＿＿＿＿＿＿＿＿＿＿＿＿＿＿＿＿

＿＿＿＿＿＿＿＿＿＿＿＿＿＿＿＿＿＿＿＿＿＿＿＿＿＿＿

(3) 問問自己：「如果我無法擁有正向成癮的權利，我會感覺
　　如何？」

_____

_____

_____

_____

_____

_____

珍的第二天

　　她將家中客房的一個角落，整理成她的「工作室」——
一個她可以安心繪畫，不被打擾的地方。

　　她也添購了必備的基本繪畫用具，準備開始她的旅程。

　　坐在她的工作室裡，珍逐一回答以上問題，發現光是回答
問題，她已經感覺自己精力充沛，完全準備好啓程了。

　　接著，她去一間書店，買了一本繪畫自學手冊，再加上一
些裝備，讓自己的準備工作更完備。

　　那一天，雖然她還沒真的開始動手繪畫，但她已經準備好
了！

第 3 步：找到協助者

成癮通常出現在社交情境裡。有一個「癮君子」，與一個「共依存者」，或稱為「協助者」，他會幫助癮君子持續投入在成癮行為中。協助者默默地，甚至盲目地，創造一個容易成癮的環境。在負向成癮的例子裡，他們可能忽視成癮行為、替成癮找藉口，或大大低估它的嚴重性。

然而，當我們建立一個正向成癮時，你可以自由地尋找另一種協助者。這個人是支持你的夥伴，幫助你創造並維持你的正向成癮。

具體做法

⑴ 找個你知道能支持你快樂行動的人（伴侶、家人，或朋友）。

　　我的協助者（們）是：＿＿＿＿＿＿＿＿＿＿＿＿＿＿

⑵ 向對方解釋你的正向成癮計畫和過程，尋求他／她的協助。

_____

⑶ 共同討論列出兩、三種對方可以提供協助的具體方法，比如：接送你去到進行正向成癮活動的地方（健身房、烹飪

班、繪畫工作室），向你保證不會打擾你在家從事正向成
癮活動，（在你要求時）提供正向、有建設性的回饋，或
者傾聽你的路障或是成功經驗。

珍的第三天

　　珍選擇了她的先生作為協助者。她向他仔細解釋了正向成
癮計畫，以及她為什麼需要這個重大改變。

　　她向先生尋求幫忙，在她建立正向成癮的過程中，確保她
不受到外界的打擾（沒有電話、不被打斷、不受孩子干擾）。

　　那一天，她並沒有實際動筆繪畫，但花了十分鐘左右的時
間，在工作室中聆聽靜默。

第4步：重視你的個人風格

在你重視的事物風格基礎上，量身訂做你的正向成癮計畫。如果你喜歡做事慢慢來，那就慢慢進行。如果你的風格是自由奔放，那就盡情揮灑。如果你的風格是條理分明，那就按部就班進行。如果你是個情感豐富的人，找到一個方法去善用你的情感。了解並善用你的個人風格，而不是想要套用一個「完美風格」，這樣你會發展出自信心，和更棒的個人風格。這意味著當你選擇正向成癮活動時，不僅是考量你的個人風格，同時把它納入你發展正向成癮的一部分，善用你的個人風格。

珍的第四天

她一直知道自己熱愛藝術，但總是太過努力要成為別人眼中那個理想的人，因此她感覺自己是為別人的期望而活。

她開始重視自己的需求，也準備好要開始一段繪畫之旅，但還是不太確定要如何開始。

她覺察到自己需要慢慢來，於是那一天，她只輕輕將筆刷沾些水，在工作室中待了二十分鐘。

第 5 步：填一份問卷

　　大多數人都有強項，有些事情對我們來說很容易，有些個人特質會幫助我們獲得成功。然而，我們都會自我受限，並批評自己，所以我們經常錯過一些機會，忽略了我們所擁有的個人特質強項。有時候我們害怕別人會認得我是驕傲的，認為我是自私的，而不敢去展現自己的強項。告訴自己「我不夠好」總是比告訴自己「我做得很好」來得容易些。

具體做法

(1) 列出幾個你的特人特質。

_____

_____

(2) 當你在追求正向成癮時，找到一些方法去善用個人特質強項。

_____

_____

(3) 回想起過去人生中，你如何運用自己的強項來克服障礙和困難。

_____

(4) 當你在追求正向成癮的過程中遇到障礙和失敗時，你如何
　　運用自己的強項去克服這一切。

(5) 你已經在第一步過程中點燃熱情，你可以把這個部分當作
　　你的強項，用它來幫助你在旅程裡大步邁進！

珍的第五天

　　她做了一張個人強項的清單，貼在工作室裡。

　　她發現，在多年以後第二次拾起畫筆，這件事讓她感到害
怕，但她也發現她有個個人強項是「毅力／堅持」。

　　她花了十分鐘把玩著畫筆和水，又花了十分鐘在溼的紙上
添加顏料，但她仍然不舒服、也不確定要如何繼續進行。

第 *6* 步：思考過去成功經驗

　　雖然和第四步有點類似，但是這裡要的是更深入思考過去的成功，允許自己在這一天花些時間感受自己過去曾經很強大。過去成功經驗指的是在過去你曾經解決一個問題或是在一個艱困的情境裡殺出一條血路。（今天你可以回顧一下第六章，路障那一章，或是活動九，「我當然做得到」）。

具體做法

(1) 回想過去某時刻，你讓改變發生，不論大小事件。
　　 把它們列出來。

_____

_____

_____

_____

(2) 回顧它們。

_____

_____

_____

_____

(3) 把過去你曾經用過的成功策略，運用在新的正向成癮中。

_____

_____

_____

_____

珍的第六天

　　她想起自己曾經為了孩子的教養問題，尋求鄰居的協助（珍向來很難開口請求別人協助）。

　　她想起這個過去經驗（尋求協助），這一次她決定去尋求一個傑出的畫家朋友協助，請教她朋友如何開始繪畫創作。

　　這一天她花了一小時與她的畫家朋友交流，這就是她的正向成癮第六步。

第 7 步：聚焦在現有的正向成癮

　　現在我們處於正向成癮的初期階段，你可能可以思考一下你目前所擁有的其他正向成癮行為。

　　大腦是很厲害的錯誤偵測器；在各種情境中，它都會察覺到錯誤的地方，所以你很自然地會發現，在你所追求的新的正向成癮活動和你已經完成的其他正向成癮活動之間可能有些不協調地方。但是，只要簡單覺察已經擁有的正向成癮習慣，同時想想你即將開始的旅程，你將很容易發現過去沒找到，或是沒被認出的資源。

具體做法

(1) 列出你已經有的正向成癮活動——每天早晨讀報紙、下班後和小狗玩、在通勤的路上聆聽古典音樂。

_____

_____

_____

_____

_____

_____

(2) 思考一下，你具備什麼能力——哪些技巧／資源是你目前
　　已有的正向成癮活動已經具備。

_____

_____

_____

_____

(3) 想想看你現在所擁有的能力／資源，用它們來幫助你的新
　　的正向成癮。

_____

_____

_____

_____

珍的第七天

　　她知道自己在做家事上很有條理、很有創造力、很認真仔
細，她可以把這些個人特質運用在繪畫上。

　　這讓她在第七天充滿了信心，她開始一些簡單的水彩繪
畫。她花了半個鐘頭在工作室裡嘗試不同東西。

第 8 步：擷取正向渴望

　　渴望促使我們去做事──做那些我們已經熟練的事。渴望會帶領我們朝向那個習慣前進；它們觸碰到了大腦裡面那個需要立即滿足的部分，無論是正面的（像是對運動的渴望）或負面的（像是對洋芋片的渴望）。

　　在第八天，現在正是時候，好好檢視你的渴望，當一個負面渴望出現時，你可以有效處理它。雖然我們到了第八天才介紹這個策略，但你每天都可以花幾分鐘時間細細品嚐你的正向渴望（一天一次），試著在身體裡記住這種具體渴望帶來的感受。比如，運動可能會帶給你滿足、輕鬆、自豪、自信，以及「淋漓盡致的痛快感」。在身體裡記住這些感受就像是記住一封重要電子郵件。

具體做法

(1) 經常做個實驗，回想起跟正向渴望連結的很棒身體感受。

(2) 把這些身體感受與一個動作連結，像是，撥弄一下你的頭髮。

(3) 現在，當有個負面渴望把你推離了追求正向成癮的道路時，你可以撥弄一下你的頭髮，把負面渴望跟那個正向渴望的記憶鎖在一起。

(4) 不需要跟負面渴望搏鬥。如果你把它們跟正向渴望的感覺

記憶連結一起時，它們就會很快消退。

珍的第八天

　　珍今天感覺她要做更多家事，而不是待在工作室裡。

　　她聚焦在她經常擁有的正向渴望愉快感裡（享受一杯好咖啡），把那個想要做家事的衝動渴望鎖住。

　　她比較沒有罪惡感，輕鬆愉快地繪畫三十分鐘。

第9步：找其他人參與其中

　　一旦你創造了你的願景，現在是時候與其他人分享。對一群人做一個公開的承諾是一種簡單方法，可以鞏固行為上的改變。這會給你一劑推動自己前進的強心劑。你也可以把這個當作一個自己跟自己玩的遊戲。或許，每當你有小小成功時，你就將一些錢存入特別的「小豬撲滿」裡，而每當有退步或挫敗時（我們總是會遇到），你就將錢存到你愛人或是你朋友帳戶裡。

具體做法

⑴ 和朋友或家人聊聊，向他們解釋你的願景。

⑵ 對他們做出口頭承諾。

⑶ 如果合適的話，向他們解釋，你的成功會如何正向地影響他們——「在家裡有個更快樂的老爹」、「擁有一個更自在的事業伙伴」、「比較少聽到我對於變老這件事抱怨或發牢騷」。

珍的第九天

　　珍告訴了家人她的時間規劃，以及她想要的成果。

　　這讓她更容易保持動力，不會想跳過繪畫的日子。

　　這一天，她畫了二十分鐘，她的家人都為她的努力鼓掌叫好。

第 10 步：效法卓越榜樣

　　以其他卓越人士為榜樣，他們擁有你在追求正向成癮中所需要的能力和強項。他們的成功經驗不見得和你所追求的正向成功一模一樣。你要學習的是他們按部就班的策略，把這些有幫助的強項運用在自己身上。

　　我們都有類似的經驗，學習其他人的成功經驗行為。當我們模仿別人的行為時，不需要具體教導，學習自然發生。你越看重你所模仿的對象，你的模仿學習就越有效。

具體做法

(1) 找到一個值得學習效法的榜樣（可以是身邊的人或是名人），仔細觀察這個人的行為。

　　我的卓越榜樣是：＿＿＿＿＿＿＿＿＿＿＿＿＿＿＿

(2) 做些筆記，具體寫下來，同時也牢記在心。

＿＿＿＿＿＿＿＿＿＿＿＿＿＿＿＿＿＿＿＿＿＿＿＿＿

＿＿＿＿＿＿＿＿＿＿＿＿＿＿＿＿＿＿＿＿＿＿＿＿＿

＿＿＿＿＿＿＿＿＿＿＿＿＿＿＿＿＿＿＿＿＿＿＿＿＿

＿＿＿＿＿＿＿＿＿＿＿＿＿＿＿＿＿＿＿＿＿＿＿＿＿

＿＿＿＿＿＿＿＿＿＿＿＿＿＿＿＿＿＿＿＿＿＿＿＿＿

＿＿＿＿＿＿＿＿＿＿＿＿＿＿＿＿＿＿＿＿＿＿＿＿＿

(3) 調整、發展、運用這個榜樣的方法，量身訂做成適合你的
　　目標和風格。

_____

_____

_____

_____

_____

_____

珍的第十天

　　她再次拜訪那位畫家朋友，花了半個小時觀察她朋友作
畫。

　　她回到自己的工作室，又花了半小時繪畫。

第 11 步：在脆弱中找到強項

在你的脆弱中找到堅強可能聽起來有點矛盾，但負向成癮有時也深具力量，能夠作爲正向成癮的動力。比如，在自暴自棄的模式裡，可能擁有的隱藏強項是「忠誠、一致、堅持，以及情感豐沛」。我們一旦辨識出這些強項，就可以順勢而爲，將之運用在正向成癮旅途上。你可以施點煉金魔法，把鉛塊變成黃金。

找一個你現有的負向成癮（每個人都有一些）。在心裡默念或大聲說出那些造成成癮成功的強項。

具體做法

寫出那些創造負向成癮的特質，承認它們（認出並接納它們，就是改變的開始），然後重新定義它們。把同樣的特質用來幫你達成正向成癮。

珍的第十一天

　　珍每天都至少花半小時時間在作畫，但對自己的進展感到沮喪挫折。

　　她想到自己做家事的負向成癮，也找到那些造成負向成癮的特質。

　　她將這些特質（像是，有條理、善於觀察、堅持到底、勤奮不懈）運用在她新的正向成癮上。

　　那一天，她在最後的十分鐘裡重新找到一個積極正向的態度，也了解到她事實上真的可能成功。

第 *12* 步：緩步前進

　　只有超人可以一個箭步就跳過高樓大廈。對我們大多數正常人來說，我們都需要一步一步慢慢來。特別是在費盡力氣卻步伐蹣跚時，我們需要把大的項目分解成更小步伐。請記住：「寧可在正確的道路上踩著很多小步伐前進，也不願往前奮力一跳，卻發現自己絆倒、後退」（路易斯・薩查爾〔Louis Sachar, 2015〕）。

具體做法

⑴ 追蹤你的進步。

⑵ 抓住任何小成功，鼓勵自己。

⑶ 從小處著手，從大處著眼。

⑷ 想想匿名戒酒協會的十二步驟聲明：「一次只活一天」。

珍的第十二天

　　因為前一晚沒有睡好，她在第十一天獲得的熱情煙消雲散了，她發現自己看著空白的畫紙發呆苦惱。她選擇不接著作畫，而是找到她以前的作品，做些小修改。

　　她只在工作室內待了二十分鐘，但因為這些小努力，她還是獎賞自己一杯香濃的咖啡，在她的書桌前安詳地享受這杯咖啡，等她的孩子放學回家。

第 13 步：覺察焦慮

　　現在我們已經進入正向成癮的第二週，該是時候來檢視一下你的焦慮狀態了。改變經常會引發焦慮，就算是好的改變（有時候，特別是好的改變會誘發焦慮）。我們好好思考一下，對於失敗和成功我們同等害怕，因為它是狀態的改變，會帶來一種迷失感覺。但改變同時也令人興奮，澎湃激動的情緒也是改變過程的一步驟。焦慮是一種有助益的情緒翻攪，因為它會推動改變。

　　把焦慮想像成火箭的第一階段推進器。它是必要元素，同時，如果沒有小心處理（忽略它也是一種危險），很有可能帶來致命後果。

　　評估你的情緒翻攪，首先重新將你的焦慮定義為一種情緒翻攪。透過看見你的情緒來評估它。

　　關於你追求正向成癮這件事，聚焦在造成你焦慮的原因上。你可能發現根本沒有所謂「具體原因」造成焦慮。

具體做法

(1) 以寫日記來記錄焦慮。刻意地重寫（重新述說，跟它做朋友）焦慮的故事，將焦慮看成一種情緒翻攪。

(2) 與其去掃蕩你的焦慮，還不如招募那個翻攪的情緒，跟它做朋友。

珍的第十三天

她發現對於自己要從日常家事中抽出額外時間來作畫，這讓她感到焦慮。

她發現自己在工作室裡感到緊張和無法專心，也發現自己有些罪惡感。她將這些寫在日記裡。

她把這些焦慮改寫成，「我對於繪畫感到興奮，情緒激動地看到畫紙上佈滿色彩，我感到精力充沛，想要追求這個正向成癮。」

第14步：不給自己找理由

　　這是個很有趣的今日任務 / 新步驟，一開始可能看起來很奇怪。不給自己找藉口，這在你追求正向成癮的過程中非常重要。去尋找「爲什麼」，或是「背後原因」，都是永無止盡的過程，這件事本身一點意義也沒有，對改變也沒有幫助。比如，知道自己爲什麼有糖尿病並不重要，重要的是找到解決方法。

　　你心裡的感受會牢記在頭腦裡，而你頭腦想的理由通常不會牢記在心。所以，當你走在正向成癮道路上，試著別爲了退步、小失敗，或任何阻擋你前進的事物找理由。相反地，你要接受這些挑戰，作爲旅程的一部分，在逆境中乘風破浪！

具體做法

(1) 當你因爲某些困境而反覆思考，爲什麼某事發生或是沒有發生，告訴自己：「停下來！我不需要找到理由。」問自己「如何改變」或「改變什麼」。我該怎麼做？替代方案是什麼？

(2) 如果你發現自己花了許多時間和精力向自己或別人解釋你行爲改變的原因是什麼，請記住你的時間和精力應該投資在改變上，而不是花在找理由上。

(3) 還記得你在鏡子前擺出那個負面狀態的動作，然後接著擺

出一個正向狀態的動作嗎？（第四章內容）轉換你的身體
動作就能轉換你的情緒。

珍的第十四天

　　她發現自己站在畫架前，想著為什麼她沒有去處理那堆逐
漸增加的髒衣服。

　　她放下畫筆，筆直坐挺，告訴自己不需要為自己所選擇的
行為作解釋，因為這樣做是對的。

第 15 步：增加訊息

　　整合新的訊息和找理由藉口是不同的。儘管你不一定需要做事的理由，但是關於如何前進，多點訊息總是好的。更多知識、更多指示或是更多闡明，可以在對的時機給予最適當的推動力量。你將能夠分辨出（如果你誠實面對自己），哪些東西只是消遣娛樂，而哪些是有用的額外資源。

具體做法

⑴ 當你覺得卡住了，在追尋正向成癮的過程中停滯不前，可以尋找其他建議或資訊，或許去書店或圖書館尋找，用來支持你前進。

⑵ 網路也是很棒的資源，但不要沉溺在網路世界裡，只找到你所需要的訊息，然後就離開網路。我們都知道，網路世界很容易令人迷失！

⑶ 多看多聽──總是有許多建議和方法！

珍的第十五天

　　她無法畫出自己想要的效果，感到很沮喪挫折，準備要完全放棄正向成癮這件事了。與其坐在家裡沮喪，那一天她花了整整一個小時逛書店，買了幾本很有幫助的書。她再次感到興奮，因為這讓她跨越沮喪，擴展了自己的眼界。

第16步：創造願景

在你心中，看見你的目標就像是電影裡的一幕畫面，很清晰真實地看見自己活出正向成癮的樣貌，其中有場景佈置、有美好氛圍、甚至可能有音樂響起。

想像一下網球的揮拍動作。有一個準備動作、有一個執行、有一個後續跟進——又可以區分為事前、期間及事後。這是個好機會讓自己深入了解正向成癮的過程，然後強化它，如此一來，當你能量低落時，就可以輕鬆地重燃熱情。

具體做法

⑴ 分辨出，並真實看清楚，看你開始正向成癮之前發生了什麼，在你做正向成癮活動時又發生什麼，然後在你完成之後又發生什麼。找到字句去真實地描述每個片刻，不僅僅是你看到什麼，還包括你感受到什麼！在以下的例子裡我們用了「心癢癢的」、「興奮的」以及「驕傲的」這些詞語。

⑵ 寫下一些句子去描繪這些時刻：

在正向成癮開始之前，我覺得心癢癢的，好像要_____

_____

_____

在正向成癮活動期間，我感覺興奮，要做＿＿＿＿＿＿＿＿

＿＿＿＿＿＿＿＿＿＿＿＿＿＿＿＿＿＿＿＿＿＿＿＿＿＿＿＿＿＿

＿＿＿＿＿＿＿＿＿＿＿＿＿＿＿＿＿＿＿＿＿＿＿＿＿＿＿＿＿＿

在正向成癮活動之後，我感到驕傲，我＿＿＿＿＿＿＿＿＿

＿＿＿＿＿＿＿＿＿＿＿＿＿＿＿＿＿＿＿＿＿＿＿＿＿＿＿＿＿＿

＿＿＿＿＿＿＿＿＿＿＿＿＿＿＿＿＿＿＿＿＿＿＿＿＿＿＿＿＿＿

⑶ 什麼是速記法？在以上例子，當我們需要時，我們可以輕易回想起「心癢癢的」、「興奮的」以及「驕傲的」這些詞語。

珍的第十六天

她的三個詞語是「熱切、快樂、放鬆」。

接下來每天在正向成癮活動之前，她都會回想這些詞語。

她在第十六天繪畫四十分鐘。在過程中她感覺放鬆，快樂隨之而來。

第17步：宣誓獨立

現在已經進入正向成癮計畫的第三週，是時候該做個獨立宣言了。心理學家亞伯拉罕·馬斯洛（Abraham Maslow）在二次世界大戰時進行的一項研究顯示，美國人如何改變他們對於肉類副產品的態度，他們其實不習慣吃肉類副產品，但是當時打仗，美國國內只有這些肉類副產品可以吃。馬斯洛發現，對同儕團體宣示，是催化改變最有效的方法。換句話說，政府鼓勵人們公開宣示，他們會食用肉類副產品，以示支持自己國家的軍隊。

具體做法

⑴ 告訴其他人，你的正向成癮所創造的改變有多麼棒。
⑵ 寫信、寫筆記、寫電子郵件、打電話給你的朋友或親戚，讓他們知道。帶著喜悅將你的全新、正向感覺吶喊出來。

珍的第十七天

在第十七天，她花了整整四十五分鐘繪畫。

她寄電子郵件給許多人分享她的好心情。

她在晚餐時向家人宣布她的進步以及美妙感受。

第18步：處理祖傳之物

　　祖傳之物，在這裡指的是世代留傳下來的特質，而這些東西通常以一種負向成癮的形式出現。通常父母親會展現一些問題行為，而這些流傳下來的東西會干擾我們追求正向成癮。讓我們以「沒耐心」為例子。如果追求正向成癮的人體驗到「祖傳的」沒耐心，他／她就必須要辨認出並處理那個感受以及行為。一個棘手的「祖傳之物」可能要接受跨世代心理治療，但就算只是分辨出那個感受不屬於你，就可以幫助你分辨什麼是正確、什麼不正確。在過去，可能有段時間「沒耐心」是有幫助的，但現在或許沒幫助了。

具體做法

⑴ 如果你發現在現階段的正向成癮過程中遇到困難，先暫停。檢視一下這個問題是哪裡來的。

⑵ 問問自己，現在所面臨的困難有沒有可能是過去流傳下來的「祖傳之物」。

⑶ 如果你懷疑它是祖傳之物，考慮與這個祖傳之物的創始人討論一下，如果你無法建設性地與創始人討論這件事，可以考慮一下跨世代諮詢。如同先前提到，有時候僅僅只是了解問題本身，就可以解鎖這個困局。

珍的第十八天

她現在進行得很順利，但在第十八天，她突然對於她畫得不好感到很生氣，導致她必須停止繪畫，這一天她只畫了十五分鐘。

經過一番反思，她發現她母親很容易生氣。

她打電話給母親；他們談了很久，她了解到她母親是如何管理自己的生氣。

當天，珍在正向成癮的旅途上運用一些技巧，但沒有繼續繪畫。她用剩餘的半小時反思，以及打電話給母親。這真是個好投資！

第19步：尊重阻抗

　　官僚主義存在於每個組織裡，包括家庭和個人之中。官僚主義是一種靜止機制，是組織裡面一股反對改變的力量。這股力量以一種路障和阻礙的形式出現，辨認出它們，並接納它們，很重要的事。發現阻抗力量的潛在功能也是很重要的事。我們可以捫心自問，這個擋在我前進道路上的障礙，它的存在目的是什麼？一旦我們發現那個深層意圖，跨越障礙就會容易些，而所需要處理的議題也會變得更加清晰。

具體做法

⑴ 當你面對路障時，問問自己：「它對我有什麼好處？」「它如何保護我？」「我如何讓它為我所用，而不是阻擋我前進？」「我可以把它帶到我的前進隊伍裡，讓它成為我隊伍的嚮導嗎？」換句話說，與你的路障來場面談，創造一個屬於你的美好故事。

⑵ 堅定立場，接受那個路障的出現是有原因的。比如，生氣可能是一種警訊，提醒你小心不要走錯路；或是，覺得缺乏能量可能是一種邀請，邀請你調整步調，邀請你慢下來，有更多的消化吸收，而不是按照你的舊習慣匆忙處理。一旦你接納它、聆聽它，你就能再度前進。

珍的第十九天

珍遇到一個路障，她的孩子抱怨媽媽都沒有花時間陪他們，他們很不高興，很生氣地抱怨。

珍和他們一起坐著，他們一起討論，發現孩子對於她的正向成癮感到嫉妒，他們覺得被冷落了。

他們找到一個解決方法，可以同時滿足雙方需求。孩子們會尊重珍的私人正向成癮時間，而珍會在星期天給孩子們額外的「共處時光」。

一旦珍決定要提問、釐清，而不是將路障看成是難以克服的，家庭成員間的討論便顯得輕鬆快速。解決這個問題之後，珍還有半小時可以繪畫，而且完全沒有罪惡感地進行繪畫。

第20步：避免「應該」用語

「應該」用語在大多數人身上都很常見。思考一下你有多常使用，或想著「我應該要……」或「他（她／他們／你）真的應該……」。這些「應該」用語代表期待，有時候是不合理的期待，而這些期待同時來自內在（「我應該要減肥」）及外在（「你應該要減肥」）。當然，內在聲音是由外在因素所造成。不妨想想過去你的那些「應該」用語很有幫助嗎？他們通常只會造成不舒服和愧疚，並不會幫助我們採取積極行動。

因此，與其去說，或是想著你的「應該」用語，試著這樣說，「我會這樣做，因為我想要……」這個言語的轉變也是一種心境的轉變，你從感覺有壓力，被壓抑壓著，到感覺自由輕鬆且充滿希望。記得稍早在這本書裡我們提到，跳脫「我必須要……」的說詞，而以「我可以……」取代。改變一個詞就改變全部意思！「喔！我必須要停止拖延」改成「恩，我可以停止拖延」。

覺察一下你的內心自我對話的本質！

具體做法

⑴ 當你聽到自己說「我應該」，試著用「我選擇」取代「我應該」。

⑵ 避免在自己身上使用「我應該」，也不要接受別人把這個

詞用在你身上。

珍的第二十天

在工作室中繪畫三十分鐘後，珍突然發現她覺得自己現在「應該」要畫得更好。

起初，她感到非常沮喪挫敗。

她回想起必要的步驟並且對自己大聲說：「我選擇畫得更好，所以在調色及繪畫時我會更深入感受。」

接下來十五分鐘，她繼續愉悅地繪畫。

第 21 步：做個違反常理的人

　　有時候允許你的直覺或是天馬行空的想法自由表達，甚至說這話的情境看起來很不合常理。理性思考無法帶領你走太遠。問題的本質，本身就不合常理。因此，允許你自己使用不合常理的解答去解決不合理的問題，不要浪費「理智思考」在無法解決的兩難情境裡。

　　不合常理地思考——是的，讓自己荒謬一下——有時候找個愚蠢的答案。你可以享受放下理智的好處。一個好例子是關於一位想要減肥而尋求諮商的女士。為了幫助她斷開小時候回憶裡跟食物的負面連結，諮商師邀請她與食物玩耍，用食物打一架（找個朋友來個食物大戰），然後把一些食物精美包裝，寄到「非洲的救濟貧窮協會」——這是小時候當她沒把食物吃完時，她父母親常常拿來告誡她的。這些天馬行空的荒謬行為對於達到減肥的理想目標非常有助益。

具體做法

(1) 當某個和你的正向成癮有關的事物困擾你時，找一個荒謬的解決辦法，而不是試著找到最好的處理策略。

(2) 當你尋找方法要戰勝路障的時候，與你自己的內在創造力連結一下。

(3) 現在花幾分鐘時間去創造一個「荒謬解決辦法」清單，來

處理任何跟你的正向成癮有關的問題。首先腦力激盪一下可能發生的路障和問題，然後天馬行空地創造荒謬解決辦法。

_____

_____

_____

_____

_____

珍的第二十一天

今天在她的「工作室時間」剛開始時，珍建立了一份她預期會遇見的問題清單，包括家人對於她每天離開一小時不在感到不開心——即使他們已經好好談論過這問題了。

她想了一些簡單、愚蠢的方法處理這個問題，包括創造「笑臉圖表」。當她的家人沒有打擾她正向成癮時光時，她會在晚餐時頒發一個笑臉貼紙給家人。

她用剩下的四十分鐘平靜地繪畫，知道自己已經準備好去面對可能發生的障礙。

第22步：運用比喻

　　所謂的比喻，指的是認出兩個事物之間的相似處。當你遇到障礙時（或者就只是心情低落）時，運用你的能力把障礙或感覺跟某個事物做個連結。

　　比如，諮商師邀請那個想要減肥的女士去做個比喻。她和食物的關係看起來像什麼呢？這女士回答，這就好像是跟我的食物結婚。他們一起安排了一個象徵儀式，這女士想像自己帶著一張合約到法院，象徵式地與她的食物離婚，把這個舊合約扔到垃圾桶裡。

具體做法

⑴ 當遇到阻礙時，替它找個比喻。

⑵ 思考比喻時，發揮想像力和創造力。讓這個比喻天馬行空地自由揮灑！

⑶ 如果你卡住了，向你的協助者尋求幫助。

珍的第二十二天

　　珍發現，她偶爾仍會對自己有一個小時離開家庭的「責任」而感到有罪惡感。

　　她想到的比喻和那位減肥女士一樣。她發現自己也是「嫁

給」她的家事。她寫了一份「分手協議書」（白紙黑字寫下），而在其中她合法地分配到某些「自由時間」，包括一天有一小時可以繪畫。

　　她微笑著提起畫筆，那一天她繪畫整整五十分鐘。

第23步：運用模式中斷

　　模式中斷包括用一個活動來改變或「推翻」一個現有活動，當我們在追求正向成癮時，這種方法非常有效。

　　在你現階段的進展裡，很有可能會質疑自己當初追尋正向成癮的決定到底是不是對的。你可能會「懷疑」自己當初的理由和決心。如果你現在不是這樣想的話，研究一下你參與的改變過程，當懷疑出現時，你就可以充分準備好（因為它很有可能隨時出現）。

具體做法

⑴ 一開始演個默劇，演出你在目前進行正向成癮的時段中，原本會進行哪些活動？

⑵ 然後突然拍大腿或按摩自己的大腿，創造一個模式中斷。

⑶ 現在以演默劇的方式進行你的正向成癮活動，用身體記住正向成癮的感覺，以及正向成癮的目的和意圖。

⑷ 注意到這個姿勢動作所連結到的正向感受。

珍的第二十三天

　　同樣的老問題持續出現，因為她把時間投注在正向成癮活動上，她感到有壓力。

　　她以演默劇的方式做家事，然後默默地提起她的左手輕柔按摩右手——創造一次模式中斷。

　　現在那個無止盡做家事的壓力得到釋放，取代的是她安撫自己的能力。

　　那一天，她畫了幾個快速圖畫，開心地進行了四十五分鐘。

第24步：反制約

　　這個策略對於「對抗」那些已經被正向成癮所改變的先前存在情形也有幫助。有時候我們稱爲「刺激取代」，反制約的意思是，在同樣情境下，把一個負面或不想要的反應用一個較正向的反應取代。因此，當你在追求正向成癮過程中感到不開心或不舒服時（即使只有一些不滿），反制約可以協助你驅散這些感受。

具體做法

想像你自己持續原本負向的行爲，寫下所帶來的風險。

⑴ 在紙上寫下這些風險：

_____

_____

_____

⑵ 如果你持續這些行爲五年、十年及十五年，你會變成怎樣？你心理上和身體上會感覺如何？

_____

_____

_____

(3) 想像一下這些可能後果。

_____

_____

_____

(4) 現在想像持續進行你的正向成癮五年、十年及十五年，會
　　有什麼美好結果。

_____

_____

_____

珍的第二十四天

　　珍寫下一個清單，如果就像過去一樣繼續努力工作，沒有私人時間，那結果會是怎樣。這看起來很糟糕。

　　她寫了另一個清單，如果她持續追求正向成癮會有什麼後果。這個清單帶給她快樂和平靜。

　　她用了剩下的五十分鐘很開心地嘗試不同色彩繪畫。

第25步：發展正向交互成癮

　　交互成癮意思是，運用一個替代成癮，跟原先的成癮配合。在這裡，我們指的是一個情境可以與新的正向成癮互補。換句話說，找到一個可以和你現有的正向成癮行為相配合的活動，然後同時進行。最常見的例子是，做運動配合健康飲食，而運動是主要的正向成癮活動。然而，你可以想像更多可能性，根據自己的喜好找到互補活動。

具體做法

⑴ 腦力激盪、想一想哪些活動可以與你的正向成癮互補──編織的同時學習一種外國語言，游泳的同時在腦子裡寫詩等等。

_____

_____

_____

_____

_____

_____

⑵ 選擇一或二個活動，並且嘗試將它們融入追求正向成癮的
　　行動裡。

珍的第二十五天

　　珍寫下一個清單，包含幾個她可以在繪畫同時一起進行的
活動。

　　雖然她以往熱愛古典音樂，但沒有時間好好享受。現在她
可以一邊繪畫，一邊享受古典音樂了。

　　在第二十五天，珍整整繪畫六十分鐘。

第26步：挑戰信念系統

這個步驟包含在你的信念系統裡做個智慧改變——指的是你對於人生的各種重要價值觀。改變你的信念系統是有可能的，而且有時候是必須的，比如，為了在正向成癮道路上繼續前進，放下一個信念：「我做不到。」

一個負向成癮中常見的信念，也可能就是阻擋你在正向成癮中前進的信念是：「我不值得擁有。」如果一個人被這咒語捆綁住了，他最終會失去任何可能性，只會感覺自己不值得擁有。信念會引導我們——通常是走向正途，但有時候也會帶我們誤入歧途。在這種情況下，有必要去挑戰你的負面信念，並創造一個自給自足的狀態，帶著自信妥善運用個人資源。

具體做法

(1) 花些時間找出自己擁有的負面、不適當的信念。

_____

_____

(2) 提醒自己信念會創造事實。當面對一個負面信念時，試著不讓自己感到挫敗。

_____

_____

(3) 重新組構你的負面信念，使它變成正向信念，因此「我不值得擁有」變爲「我值得擁有，我是有價值的」。讓這個新信念成爲你的口頭禪，這最終會引領你走向更棒的人生。信念創造事實。

珍的第二十六天

　　今天很糟糕。她的女兒生病了，珍必須要待在女兒身旁照顧她，無法去工作室繪畫。對於把時間用在追求正向成癮而不是孩子身上，她再度感到不舒服和罪惡感。

　　爲了回應她的舊信念，她很有智慧地改變她的信念，重複告訴自己，「我是一個好母親，我值得擁有我的正向成癮。」

　　雖然這一天她沒有繪畫，她記得，不要連續錯過兩天的正向成癮。因此她拜託她先生明天幫忙照顧女兒半小時，所以她明天可以繼續繪畫。

第27步：改變你的身分

　　類似於改變你的信念系統，這個步驟鼓勵你更詳細檢視任何可能妨礙你正向成癮目標行動的感覺或個人障礙。要做到這一點，我們有必要了解一下這些糟糕的想法從哪裡來。想想以下看法：

　　我很難過，因為我父親去世了。
　　我很氣我自己今天吃太多。

　　以上例子是被外在情境所影響。

　　我很憂鬱，因為我父親去世了。
　　我討厭自己吃東西的方式。

　　以上說法代表我的狀態。

　　我很憂鬱。
　　我無法控制自己的飲食。

　　以上說法代表一種問題／疾病。

　　我是一個憂鬱的人。

我是一個飲食失調的人，我對食物上癮。

以上觀點是身分認同議題。

最容易改變的是外在情境；最難改變的是身分認同。在追求你的正向成癮時，有可能我們必須要改變你身分認同的某些元素。

在這個階段，你已經快要到達第三十天了，太棒了！現在，很有可能你偶爾還是會有掙扎──這沒有關係。在第二十七天，你可以花些時間了解「身分認同」這件事。改變身分可能聽起來是個艱鉅任務，而且你可能發現自己有點固執，不想改變。但是思考一下──在人生的不同階段，你已經多次改變自己的身分。你以前是個孩子，你也認同自己是個孩子。然後你長大之後有不同的身分。結婚之後你的身分是配偶，生小孩後你的身分是父母。人生每個階段、每個選擇，你的身分改變。因此，改變身分是一個持續發生的過程。

具體做法

⑴ 在你今天的正向成癮活動開始前，花十分鐘，檢視和覺察一下那些隱藏的自我身分，你會祕密地做什麼事情，那個身分認同是什麼（這對你而言是一種挑戰）。比如，我是一個購物狂。

＿＿＿＿＿＿＿＿＿＿＿＿＿＿＿＿＿＿＿＿＿＿＿＿
＿＿＿＿＿＿＿＿＿＿＿＿＿＿＿＿＿＿＿＿＿＿＿＿
＿＿＿＿＿＿＿＿＿＿＿＿＿＿＿＿＿＿＿＿＿＿＿＿
＿＿＿＿＿＿＿＿＿＿＿＿＿＿＿＿＿＿＿＿＿＿＿＿
＿＿＿＿＿＿＿＿＿＿＿＿＿＿＿＿＿＿＿＿＿＿＿＿
＿＿＿＿＿＿＿＿＿＿＿＿＿＿＿＿＿＿＿＿＿＿＿＿

(2) 列出那些祕密的身分認同。

＿＿＿＿＿＿＿＿＿＿＿＿＿＿＿＿＿＿＿＿＿＿＿＿
＿＿＿＿＿＿＿＿＿＿＿＿＿＿＿＿＿＿＿＿＿＿＿＿
＿＿＿＿＿＿＿＿＿＿＿＿＿＿＿＿＿＿＿＿＿＿＿＿
＿＿＿＿＿＿＿＿＿＿＿＿＿＿＿＿＿＿＿＿＿＿＿＿
＿＿＿＿＿＿＿＿＿＿＿＿＿＿＿＿＿＿＿＿＿＿＿＿
＿＿＿＿＿＿＿＿＿＿＿＿＿＿＿＿＿＿＿＿＿＿＿＿

(3) 重寫並反思那個祕密身分的正向面。比如，將「我是一個購物狂」，改寫成，「我是一個聰明的消費者」。給你自己一些空間去承認那個身分，然後做些改變。

＿＿＿＿＿＿＿＿＿＿＿＿＿＿＿＿＿＿＿＿＿＿＿＿
＿＿＿＿＿＿＿＿＿＿＿＿＿＿＿＿＿＿＿＿＿＿＿＿
＿＿＿＿＿＿＿＿＿＿＿＿＿＿＿＿＿＿＿＿＿＿＿＿
＿＿＿＿＿＿＿＿＿＿＿＿＿＿＿＿＿＿＿＿＿＿＿＿
＿＿＿＿＿＿＿＿＿＿＿＿＿＿＿＿＿＿＿＿＿＿＿＿

珍的第二十七天

珍的孩子還在生病，珍寫下了她在心裡默默背負的那個身分，一個「失職的母親」，而這是她所有罪惡感的來源。

她重寫了這個部分，有個更深層的反思：「我是一個盡責的母親，我知道我的個人時間會讓我成為一個更好的母親。」

在離開工作室去確認孩子的情況前，她繪畫將近一小時。她很滿足，而且沒有罪惡感。

第28步：了解正向成癮是一個過程

　　正向成癮是一個過程，不是一個單一事件。正向成癮是由一系列的步驟、選擇和決定所組成。這個過程包含各種相互關聯的任務。這些任務會根據每個人的個人強項、技巧、興趣、目標和其他因素而有所不同。但無論如何，覺察到這趟旅程的動態及流動本質，是你繼續前進的關鍵要素。

具體做法

⑴ 花幾分鐘思 考一下你喜愛的活動。我們以棒球為例子：想一想準備動作（例如，投手準備好要投球）、過程執行（打擊者揮棒），以及後續跟進（擊中球或揮棒落空）。

⑵ 將運動的三階段歷程和正向成癮的旅程做個比較。

⑶ 在準備階段，你怎麼開始？在過程執行階段你做了什麼？你預期你的後續跟進階段會是怎樣？

⑷ 進行這種快速練習在你的身體裡刻印那個聚焦的承諾，幾週之後你將會知道自己在正向成癮路途裡走了多遠、改變多少，並且了解到過程裡的失誤和挫敗都是進展的一部份，不要想著消滅它們。

珍的第二十八天

由於珍最近經歷了一個小挫敗，因此今天她花了十分鐘重新檢視自己的正向成癮旅程。

她安靜坐在工作室裡，把她努力成為一位畫家的過程和一個她再熟悉不過的活動（洗衣服）進行比較。

她洗衣服的準備工作是：收集衣服；繪畫的準備工作是：準備材料。她洗衣服的中間過程是：啟動洗衣機開始洗；繪畫的中間過程是：運用畫筆、顏料在紙上自由揮灑。洗衣服的後續跟進：獲得乾淨衣服；繪畫的後續跟進：每天有一小時的時間享受繪畫，不論結果成品如何。

當她完成了這個看似可笑的比較之後，她露出微笑，再次覺得她所選擇的正向成癮太棒了，繼續前進。

第29步：面對否認和羞愧

　　羞愧，是一種以恐懼為基礎的狀態，包含不舒服以及痛苦的感受，通常會伴隨著「否認」的出現。透過面對羞愧和否認，我們會開始更信任自己、較少恐懼，有個好的轉變，感覺要建立並維持正向成癮比較有可能。在這個階段，面對這些負面情緒很重要，因為他們會阻礙進展。這聽起來很奇怪，但你可以親身印證一下，當我們幾乎要達成目標時，負面能量通常到達最高峰——所以良好準備就可以預防負面能量的埋伏突擊。

　　重複性受苦有三個無法分割的關鍵要素：否認、依賴負向成癮，以及羞愧。通常這些步驟會依照以下順序發生。首先，「我等一下只會喝一杯」，也就是否認自己會掉入惡性循環裡。接著，一旦打開這扇門，負向成癮便趁虛而入，主掌一切。最後，當負向成癮結束後，羞愧就佔據所有心思。

　　聖修伯里（Antoine de Saint-Exupéry）的《小王子》一書中，有個段落闡明了這個惡性循環的精髓。小王子質問一位酗酒者：「你為什麼喝酒？」酗酒者回應，「為了遺忘。」小王子接著問，「要遺忘什麼？」酗酒者說，「忘掉我的羞愧。」小王子問，「你羞愧什麼？」酗酒者回應，「我羞愧自己喝酒。」

具體做法

(1) 當你發現羞愧的感覺與追求正向成癮連結時，停下來！在暫停的過程中，問問自己羞愧哪裡來，羞愧存在於身體的哪裡，以及羞愧連結到什麼。你對於自己是個工作狂而感到羞愧？覺得太胖而羞愧？覺得吃不健康而羞愧？羞愧自己是懶惰的人？羞愧是存在當下，還是從過去蔓延而來？

(2) 接著，從你「當下」所在之處開始，在心裡創造一個願景：你想要去哪裡？

(3) 思考一下，你的正向成癮不但會正面影響你，還會給你身邊的人帶來好處。

珍的第二十九天

　　珍幾乎要達到目標，但突然間她被過去那些罪惡感吞沒。

　　起初，她只是否認它們，試圖要將這些罪惡感用輕蔑的說詞消除，「這真是可笑！一個小時算什麼！他們可能很開心可以擺脫我！」

　　但這卻帶來更多的羞愧，對於她的罪惡感，她感到愚蠢和羞愧。她決定不要繼續想下去，停止繪畫，閉上眼睛，並想像一個未來。她先想像自己停止正向成癮活動的情景，然後又想像自己堅持下去的情景。現在，她毫無疑問地知道，她的正向成癮將會給整個家庭帶來許多好處，她可以看見也可以感受到。

第30步：練習，練習，再練習

　　我們可以在心理上練習，也可以實際練習，而且不論你練習多少，這和俗話說「練習造就完美」不一樣，完美是個持續移動的目標。事實上，你會越來越好，而且這條道路──邁向更好──會帶給你極大的滿足感。

　　在三十天旅程的最後一天，我們邀請你替未來建造基礎。現在你已經在腦袋、內心和你的行程裡創造很大空間，用來實現你的正向成癮計畫，我們建議你照顧那個空間，就好像它是花園中最美麗景點。如此一來，你不僅持續練習正向成癮活動，也是好好照顧花園的園丁，確保自己保持平靜，透過想像力和其他技巧提示來敞開心胸、接納新事物，並處理潛在的沮喪和隱藏的阻礙。

　　反覆的負面自我省思會阻礙你前進，同樣的道理，重複、支持性的、正向自我省思則會鞏固收穫。就算是再小的改變，我們都應該看重並好好慶祝。

具體做法

⑴ 在這個當下，持續練習正向成癮。

⑵ 回想過去，在不同人生階段進行正向成癮。

⑶ 想像未來，在各個人生階段進行正向成癮。

⑷ 在心裡想像其他角色。用成人的身分，用老師的身分，用

　　祖父母的身分來練習正向成癮。

⑸ 在一本特殊的筆記本記下任何正向改變——所有正向改
　　變，標記那些時刻。

珍的第三十天

　　她很興奮。她覺得充滿活力，自由揮灑地繪畫一整個小時。

　　她發現過去那些負面情緒消失了，像是後悔或罪惡感。現在，在這個小時的最後時刻，她感到精力充沛且平靜。

　　她也發現，雖然距離她想像的「優秀」畫家還有很長一段距離，但她的繪畫已經進步許多。

　　她開心地體認到自己已經成功地建立她的正向成癮——每天六十分鐘的正向成癮，正向地影響了她生活裡的每分每秒——而且她知道她會一輩子持續做這件事。

喬治，你到了嗎？

　　喬治已經準備好要開始他的三十天計畫。他一天進行一步驟，按部就班進行，並且在旅程中謹慎思考，隨時調整改變。他發現每一天都比前一天更令人興奮，到了第三十天，儘管沒有全然投入在他的正向成癮計畫，但他已經成功掌控他的負向成癮行為，成為一個比較放鬆、比較快樂的人。

展望未來

　　慢慢來，仔細思考。以下是兩個活動：第一個活動邀請你在你的新選擇裡放鬆下來，伸展新生肌肉，迎接全新的可能性。第二個活動則讓你回顧一下所有讓你「不去做」的藉口，將這些藉口帶到你可以看見的表面，然後將他們放下。

｜活動 17｜

像貓一樣

活動目的：探索並享受伸展和放鬆。每天的生活壓力加上即將展開一趟全新旅程，這會產生壓力，「像貓一樣」可以幫你減少壓力。請注意如果你有任何肢體上的限制而無法伸展，這個活動可能不太適合你。

⑴ 找到一個你可以獨處幾分鐘的安靜地方。

⑵ 四肢安放，躺在地板上，閉上眼睛。

⑶ 想像自己「變成一隻貓」。換句話說，想像自己是一隻剛睡醒的貓，像貓一樣思考、感受及移動。

⑷ 首先，把你的背部往下貼地，讓你的腹部貼近地板，並將頭和脖子向上伸展。

⑸ 接著做相反動作，高高地拱起你的背，就像是萬聖節受到驚嚇的貓。

⑹ 緩慢地伸展你的手臂，一次一隻手，隨著手臂伸展，拉長你的身體。

⑺ 接著同樣伸展你的腳，將每隻腳盡可能向後延伸。

⑻ 慢慢移動；你是一隻貓！重複這些動作二到三次。

⑼ 最後，像一顆球一樣蜷曲身體，享受全然放鬆的美好感受。

| 活動 18 |

藉口！藉口！

活動目的：盡可能快速地腦力激盪你有哪些藉口——不論是真實或想像的——目的是更仔細地檢視那些我們不加思索、脫口而出且立刻相信的藉口。

注意：這一章有許多步驟，我們都知道，有時候你會為自己找藉口停止、中斷或退出。在第七章，你已經寫下一些合理化藉口；而以下這個活動你可以看看自己是多麼有創造力！透過了解到自己許多習慣性的藉口是多麼可笑，我們有可能在一開始就不給自己找藉口。

⑴ 從以下描述情境中選一個描述，開始腦力激盪，給自己找些不去做事的藉口。

⑵ 寫下每個想到的藉口。

⑶ 持續進行直到你絞盡腦汁，想不出來。記得，這些藉口你想要有多愚蠢就可以多愚蠢。不要放棄，至少寫十個藉口。

⑷ 選另一個描述情境，或者你可以自己創造一個，再做一次。

⑸ 最後，看看你寫下的藉口。你會發現其中有許多都很愚蠢。和自己做個約定，下次如果你發現自己正在找藉口停止或拖延正向成癮計畫／旅程，你可以做這個練習。

不去做的理由／藉口

不和公婆共進晚餐的藉口是：

_____

_____

_____

_____

_____

_____

_____

_____

_____

_____

不和鄰居一起過節的藉口是：

_____

_____

_____

_____

_____

_____

_____

_____

_____

_____

_____

不幫朋友照顧孩子，讓他們可以出去約會一晚的藉口是：

_____

_____

_____

_____

_____

不幫某人搬家的藉口是：

不幫忙你老公 / 老婆打掃、煮飯或整理家裡的藉口是：

不接額外的工作任務的藉口是：

_____

_____

_____

_____

_____

_____

_____

_____

_____

_____

_____

你可以思考一下

(1) 如果你在某個步驟遇到困難，這一章建議你要怎麼做？如果你不記得，翻看這章開始的部分，把這些資訊牢記在心，這樣才不會在遇到困難時不知所措。

_____

_____

_____

_____

(2) 在這一章裡，我們有提到兩個比喻，「一陣旋風」和「金色階梯」，你比較喜歡哪一個？爲什麼？思考一下你如何把這個比喻運用在追求你的正向成癮。

_____

_____

_____

_____

(3) 在第二步驟講到「準備好的狀態」，這是正向成癮整體成功的重要因素，現在請你花幾分鐘時間誠實地評估自己的準備狀態。寫下具體的技巧、能力、態度、決心以及人際關係資源，這些是你準備狀態的證據，幫助你前進。

_____

_____

_____

_____

(4) 在第二十六步驟提到「信念系統」會產生事實。快速寫下，越多越好，如果想要成功達成任務，你現在對於自己的能力和限制有哪些信念。

_____

_____

_____

_____

(5) 在第三十步裡，我們強調「練習」的重要性。腦力激盪一下，在你的人生當中，有什麼事情是你必須不停練習才能夠成功。想想你在練習時做了什麼，想想你獲得什麼結果。回想一下你學習開車的過程，在學校通過考試所付出的努力，以及其他更多。

_____

_____

_____

_____

【第十一章】

轉化時間成為進步

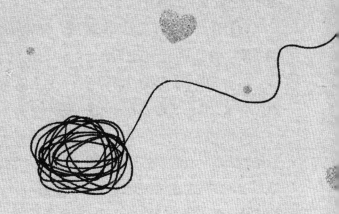

耐心是成就任何事的關鍵。

孵蛋才能得到小雞,而非砸碎蛋殼。

——阿諾德‧格拉斯哥(Arnold H. Glasgow,企業家)——

有時候，幾分鐘感覺就像是永恆無盡；其他時候，時間飛快如梭，像心跳轉瞬間即逝。你總是有選擇，要在追求自己的正向成癮的時間中感到輕快且充滿能量，或是也可以讓它變得沉重且無精打采。當然，選擇前者是最好的。繼續讀下去，學習如何作出最佳選擇。

我們在這本書裡列出 30 個步驟，幫助你達成目標，將一個（或二個）正向成癮融入你的生活，讓你的生活更加美好圓滿。然而，你可能還是會懷疑自己是否有能力完成這些步驟，真實地擺脫負面成癮，進入正向成癮的生活。

當我們討論到成癮這件事，不論是正向成癮或負向成癮，「砸碎蛋殼」有時候感覺可以更快得到我們想要的結果。但我們知道，你也知道，時間的長短感受是相對的，投注時間在好的事情上是一個美好投資，最終會收穫滿滿。我們想要花一些時間，和你一起檢視一下必要的時間和精力投資。

到底要花多少時間才能建立一個正向成癮習慣，這其實並沒有很重要。不論要花 30 天、50 天或 700 天，想要成功總是要花上許多時間精力，要發展一個正向成癮習慣的唯一方法就是從第一天開始！如果你發現自己一直在拖延第一天的開始，那麼你在告訴自己和這個世界什麼訊息呢？「時間是可以被創造出來的。」告訴自己「我沒有時間」就像是在說「我不想要」，古代中國哲人老子是如此看待時間的。因此，問問自己，「我真的想要做這件事嗎？」如果你的答案是「是的」，那就讓你自己從今天開始！

透過樹木，就可以知道整片森林

如果正向成癮是森林，是一個新地標，那麼每一步、每個努力和每個策略就是一棵樹，實際上，整體是大於部分的總和的。讓我們看看五個引領我們穿越這片樹林的基本原則，儘管我們知道每個部分都很重要，你的領導力會為整個願景帶來真實意義。

元素一：抱持懷疑態度是好事！

很重要的是，深思熟慮甚至小心謹慎、帶著懷疑態度去選擇你的正向成癮活動，直到你找到最適合的一個。

- 考慮一組交互的正向成癮活動，像是一邊學習新語言一邊運動，彼此互補、滋養、啟發彼此。
- 你可以回到第二章尋找一些新點子。
- 確認你選擇的正向成癮活動是否合理，它是實際可行的目標嗎？

元素二：瞪大眼睛看清楚

仔細且帶著直覺地檢視一切，覺察自己獲得的內在獎賞。

- 你給自己的獎賞是一種一切都在我掌控之中的感覺（相對於某個特定的決定因素，例如體重減少）
- 使用以下的句子來體驗及建立這些內心獎賞：

> 我感受到自己更加強壯和更有主導權，當我……
> 當我認真專注地發展我的正向成癮時，我發現到……
> 當我不在乎其他人怎麼想時，我……

元素三：掉入兔子洞

覺察到失敗和退步的感覺——也就是「和愛麗絲一起掉入一個負面未知的兔子洞」——當你沒有每天練習正向成癮活動時，這有可能發生。

- 一旦成功建立了，你的正向成癮活動（就像任何習慣一樣）需要每天執行。
- 一天沒有執行的話就會產生昏睡、焦慮或愧疚感覺。
- 避免一週裡連續跳過兩天沒執行，這樣才不會感覺退步很多。

元素四：支撐和支架

在家人、導師、朋友中找到可靠的支持力量——就算只有一個也好——這會幫助你在面對可能造成巨大改變的混沌漩渦

時，抬頭挺胸，站得更穩固。

- 定期和這個人報告近況！

元素五：沐浴在陽光下

如果你願意接受這個每日承諾，而不是老是發牢騷抱怨，你就是讓燦爛陽光取代陰霾下雨：你曾經認爲的苦差事變得光明輕盈——甚至絕妙至極。

- 開始時一天只需花 15 分鐘來啓動正向成癮活動，接著你可以逐漸增加至你所設定的每日理想時間。
- 當正向成癮已經妥善建立，你甚至不需要多想便能輕鬆參與其中。當你沒有執行時，反而會覺得哪裡怪怪的，甚至有些不舒服！

成功人士只是那些擁有成功習慣的人！

——布萊恩‧巴特納（Brian Buettner）

喬治：一個贏家！

在完成 30 天練習後，喬治充滿了信心，雖然知道還是有些小路障需要去面對處理。現在，他的正向成癮比以前更加眞

實，並且他持續前進。他花了大約六個月的時間，做到可以全
然享受工作時間減少、運動時間增加，同時平穩、樂觀地前
進。他發現這個正向成癮就是他所需要的未來人生計畫——而
且感覺太棒了！

展望未來

這裡我們想要鼓勵正念的習慣，取代忙碌。你的正向成癮
需要花一些時間和耐心來建立。然而，最終的報酬不是一次性
的獎勵；而是持續、長久、廣泛的美好果實。你的投資將會收
穫百倍。

｜活動 19 ｜

收集雲朵

活動目的：學會享受「慢下來」及「自我沉澱」的價值，特別是面對一個新的項目，感受到時間的壓力。

在你開始「收集雲朵」之前，讀一遍以下所有指示。

(1) 選一個安靜地方舒服坐著，雙腳踩在地上，背和脖子放鬆，雙手輕輕放在膝蓋上。

(2) 閉上眼睛，把注意力放在呼吸上……吸氣……吐氣……吸氣……吐氣……試著放慢你的呼吸。

(3) 現在想像一下，有片清澈的藍天，其中點綴朵朵鬆軟的白雲。想像一下這個場景。

(4) 看一下你心中的那些雲朵，看看它們的形狀、顏色和移動方向。如果你的思緒從藍天白雲裡飄走了，把你的心思輕柔地帶回來。

(5) 選一朵雲，想像你漂浮在上面，坐陷進雲裡，想像雲朵圍繞著你。你感覺如何？

(6) 停留在雲朵中不要超過兩分鐘，然後慢慢地落回到地面，在你的身體裡繼續感受那個輕柔的雲朵移動。

| 活動 20 |

分解

活動目的：聚焦在一個可能性，把較大的活動「分解」成較小、容易操作的小元素。

　　我們經常在想到要開始一個新的冒險就會感到恐懼。就連要跨出第一步都感覺似乎不可能。當你做以下的練習，把它看成是為你想要的正向成癮所做的一個比喻。

(1) 在下面空白處，腦力激盪任何跟你的正向成癮活動有關的字句。在一分鐘之內完成。盡可能想一些長度較長的詞語，把他們快速寫下。比如：

吃得健康
消化、營養、健康、減肥、營養支持、食物構成、能量、持久性

你的正向成癮：＿＿＿＿＿＿＿＿＿＿＿＿＿＿＿＿＿＿

(2) 看一下你寫的清單，選一個較長的詞語。比如，從清單裡
　　你可以選擇了「營養支持（sustenance）」這個詞。

(3) 在下面空白處把這個詞語寫下來，開始分解這個詞，重新
　　拼湊字母，盡可能構成很多小小的元素（字詞）。比如：
　　營養支持（sustenance）＝ 十（ten），姿態（stance），網
　　子（net），太陽（sun），可以（can），拐杖（cane），古
　　銅色（tan）
　　你的詞語：＿＿＿＿＿＿＿＿＿＿＿＿＿＿＿＿＿＿

4. 檢視一下你「分解」的詞語。每個小字詞都有它自己的獨
　　特意義——每個詞是整體更大字詞的一部分。把這個概念
　　運用在追求你的正向成癮，或是治療你的負向成癮。

你可以思考一下

(1) 爲什麼你對特定情境或刺激會有某些特定反應？完成以下
未完成句子塡空，把心裡浮現的第一個字句寫下。

我沒有時間去＿＿＿＿＿＿＿＿＿＿＿＿＿＿＿＿＿＿＿

現在思考一下你爲何會如此反應的所有可能原因，並且找
到一個方法消除這些原因。

爲什麼？

範例：我沒有時間……休息一下！

為什麼？因為工作超過負荷，因為我老婆的要求，因為我個人的優先順序等等。

消除：「工作超過負荷」寫下一份清單，記錄哪些特定工作項目是屬於「超過負荷」的工作，然後系統化地「刪除它們」或「選擇不去理會它們」。

⑵「內在獎賞」對你來說是什麼意思？在五分鐘內盡可能寫下你所有的個人內在獎賞，越多越好。

⑶ 回想一下過去，有時候你會把事情擱置，因爲「時機不對」。現在將這個和一些能增進你整體幸福感的東西做比較——自我價值感、健康的人際關係、身體健康、專業或事業的滿足成就——什麼時候才是對的時機呢？

_____

_____

_____

⑷ 當朝向正向成癮邁進時，你認爲「一次一小步」有什麼好處？

_____

_____

_____

⑸ 回想那個金色階梯，在最上面有一片平坦土地，那對你而言是什麼意義？

_____

_____

_____

【第十二章】

結束，也是開始

在完成之前，一切看似都是不可能。

——尼爾森·曼德拉（Nelson Mandela，前南非總統）——

現在這本書已經來到尾聲，你很可能已經開始追求你的正向成癮，或是已經很好的進行著。甚至你可能已經完成 30 天的練習了！不論你現在走到哪一步，我們都要大大恭喜你。你可以為自己感到驕傲。「你透過自己的心眼看見」（《以弗所書》一章 18 節），已經看到──或是你真確知道──真正重要的是，在你付出這些努力之後，你成為一個更好的人。

太好了！

現在你應該已經了解，生活裡的許多壓力並不是因為忙到「沒有時間做」或是「有太多事情要做」，而是因為我們沒有把事情道道地地貫徹始終。你知道這一點──並且你已經準備好了！

事實上，生活裡有很多事情我們沒有完成。有很多細小未完成的事情，像是家務瑣事，也有些巨大未完成的事情，像是沒拿到學位，婚姻走不下去，或是沒有考上駕照。事無論大小，未完成的事情總暗示著我們一種不夠好、有缺陷、失敗、散漫不專注，然後最終，不快樂的感覺。當然，貫徹執行每一個動機念頭，是既不可能也不適當，然而人生中總會有些確切事情是值得我們揮淚播種然後歡呼收割。追求你的正向成癮就是其中一件。

當你闔上這本書，然後想想如何開展人生的下一段旅程，

想像一下，未來的自己正在寫些話給自己。以下是一個範例，但這是你寫給自己的信，你在這裡所說的字字句句將會**真實**打動你自己，強化你正在做的正向投資。

親愛的 _____

感謝老天，你開始去做 _____
_____

如果你還沒有 _____
_____

我將 _____
_____

但是我現在很高興地說，我 _____
_____

帶著全然的感激，
未來的我

　　最後，請記得，在一開始時，踏出第一步儘管很重要，但它本身是沒有意義的——你必須承諾並且堅持到底。

　　書的結束就是你美好生活的開始……

　　……此時此刻，在本書的結尾，你帶著全新的願景展開美好的人生，或者對你理想中的美好人生有全新觀點。

｜活動 21｜

巧克力：太好了！

活動目標：藉由視覺想像在你的目標上塗上「巧克力糖衣」來享受完成目標的快樂。（如果你不喜歡巧克力——我曾經遇過一個不喜歡巧克力的人！———就改用焦糖、香草或其他令人心情愉快的滋味。）

⑴ 讓自己輕鬆地坐著，閉上眼睛，做個深呼吸。

⑵ 思考一下，某件跟你的正向成癮有關，會讓你很快樂的事情。可能跟身體有關，例如「更健康的自己」，或是跟心理有關，例如「感覺充滿力量」，無論你想到什麼，都給它加上一個美好感受。

⑶ 聚焦在這個「相關的美好感受」一下子。微笑。想一下那個美好感覺，想像它有個形狀，有個顏色。（更健康的自己＝一個薰衣草色的菱形。）

⑷ 現在，發揮你的創造力，把這個美好感覺，浸入巧克力熔漿中。看它完全被香醇濃郁的巧克力包裹著。聞一下那個巧克力芬芳，好好地看著這個被巧克力包裹著的美好感覺，如果你願意的話，咬一口，把它放進你的內心深處。

⑸ 把這個活動連結到你的正向成癮旅程。想像你已經成功，

順利完成，想一下這個相關的美好感覺，「用巧克力把這些感覺包裹起來。」這個簡單的視覺化想像可以幫助你把達成目標的美好感覺牢記在心，尤其是在你心情低落或是意志消沉的時候。

活動 22

生生不息，永續經營

活動目標：畫出你的正向成癮旅程。

⑴ 準備一張白紙和鉛筆，或是使用隔壁空白頁。

⑵ 想一想你的正向成癮旅程，無論你現在走到哪裡。

⑶ 隨意地從這張紙的任何一個位置上起筆，開始畫一條線。
　 這條線會在這張紙上四處旅行──可以是一條崎嶇不平的
　 線條，或是一條弧度優美的曲線──在你畫這條線的同
　 時，繼續想像你的正向成癮旅程。它是滑順優美的？還是
　 一圈圈的圓弧形？是尖銳、憤怒、上下起伏的？它很可能
　 ──或是將會在旅程途中──在不同時間有不同質感。簡
　 單地畫出你現在眼中所見、心中所感受的就好。

⑷ 直到你已經「結束了」這趟旅程，才把筆從這張紙上拿開
　 ──或是你已經到達那個你想去的理想地方。

⑸ 檢視你的圖畫。這看起來是否像是你的旅程？它開始時是
　 否是一種線條，而結束時又是另一種線條？記住，沒有所
　 謂的對與錯。好好享受這個活動。他是你個人旅程的簡單
　 地圖。（我聽說有人真的把這張圖畫裱框起來。他創造了
　 一件很有趣的藝術品，他可以指出每個高峰、低谷，他在
　 旅程中所踏出每一個美麗、艱困、變化無窮的步伐。）

你可以思考一下

(1)「從你的心眼去看這世界」這句話的意思是什麼？ 特別是提到你與自己的正向成癮旅程這件事。

_____

_____

_____

_____

(2) 回顧一下你走到現在的正向成癮旅程，回想那些美好時刻。做個清單把他們寫下來。讓他們對你說話，鼓勵你。

_____

_____

_____

_____

(3) 思考一下，如果你朋友或家人也想要展開類似的旅程，你會給他們什麼建議良言？

_____

_____

_____

_____

⑷ 在你繼續人生旅途時，你是否可以找到方法來保存所有你從書中所獲得的建議、洞見、觀點，保留你在正向成癮中所獲得的感受，以及你所回答的那些對你有幫助的問題？

_____

_____

_____

_____

⑸ 你現在會帶著你的正向成癮往哪裡去？或許你會進到下一個「更高層次」，花更多時間繼續精進。或許你會找到另一個互補活動，同步發展。或許你會邀請某個人加入你的行列，跟你一起走在正向成癮路程，又或許你會在家裡騰出一個空間，專心做你的正向成癮活動。花些時間，思考一下，好好規劃光明燦爛的美好未來。

_____

_____

_____

_____

參考文獻

我們希望本參考文獻（Reference）清單能夠讓讀者了解，為我們的研究提供參考訊息的文獻不僅數量龐大，且來源具多樣性。

編註：因參考文獻數量龐大，橫跨數十頁，基於環保考量，我們不於本書印出，而公佈於心靈工坊的官方網站。有興趣的讀者，可掃描上方 QR code，或上心靈工坊官網 http://www.psygarden.com.tw/，搜尋「快樂成癮」。

致謝

瓊：

　　特別感謝爲我們付出時間的人。感謝 Timothy Caulfield 同意接受我們採訪，還有薩德博士，播下了種子並培育了它的成長。

　　謝謝我的同事和朋友們，特別是 Kathy Paterson、Bill Danton、Kalo Tanev、John Cook，和支援我們工作人員，包括 Cristina Merlusca 和 Jenna Kobek。

　　最後，感謝我的家人——Robbie Davidson、Chris Davidson，以及我的母親。

傑夫：

　　非常感謝瓊，既熱情、勤奮，且機智而富於智慧，這次合作添增了我的光彩。

延伸閱讀

傑弗瑞・薩德作品

- 《跟大師學催眠：米爾頓・艾瑞克森治療實錄》（2004）
- 《艾瑞克森：天生的催眠大師》（2004）
- 《經驗式治療藝術：從艾瑞克森催眠療法談起》（2019）
- 《喚醒式治療：催眠・隱喻・順勢而為》（2020）
- 《助人者練心術：自我提升的 60 個增能練習》（2021）
- 《催眠引導：來自艾瑞克森的啟發》（暫譯，預定 2022）

其他參考閱讀

- 《認真的你，有好好休息嗎？——平衡三力，找回活力》（2020）／黃天豪、吳家碩、蘇益賢
- 《假性親密：修復失衡的互動，走進真實關係》（2020）／馬克・伯（Mark B. Borg, Jr.）、葛蘭特・柏連納（Grant Hilary Brenner）、丹尼爾・貝利（Daniel Berry）
- 《十二步驟的療癒力：擺脫成癮，啟動轉化》（2019）／康復之友（Friends In Recovery）
- 《APP 世代在想什麼：破解網路遊戲成癮、預防數位身心症狀》（2019）／張立人
- 《渴求的心靈：從香菸、手機到愛情，如何打破難以自拔

的壞習慣？》（2019）／賈德森‧布魯爾（Judson Brewer）

- 《交友的科學：幫助青少年與青年改善社交技巧》（2018）
  ／伊莉莎白‧洛格森（Dr. Elizabeth Laugeson）

- 《寫出你的內心戲：60個有趣的心靈寫作練習》（2017）／
  莊慧秋

- 《心靈寫作：創造你的異想世界》（2016）／娜妲莉‧高柏
  （Natalie Goldberg）

- 《療癒寫作：啓動靈性的書寫祕密》（2014）／娜妲莉‧高
  柏（Natalie Goldberg）

- 《不完美的禮物：放下「應該」的你，擁抱眞實的自己》
  （2013）／布芮尼‧布朗（Brene Brown）

- 《這麼想就對了：哲學家教你破除11種負面想法》（2012）
  ／伊利特‧科恩（Elliot D. Cohen）

- 《減壓，從一粒葡萄乾開始》（2012）／鮑伯‧史鐸（Bob
  Stahl）、依立夏‧高斯坦（Elisha Goldstein）

- 《像佛陀一樣快樂：愛和智慧的大腦奧祕》（2011）／瑞克‧
  韓森（Rick Hanson）、理查‧曼度斯（ Richard Mendius）

- 《喜悅的腦：大腦神經學與冥想的整合運用》（2011）／丹
  尼爾‧席格（Daniel J. Siegel）

SelfHelp 039

快樂成癮：不費力的練習，從此幸福戒不掉
The Habit of a Happy Life: 30 Days to a Positive Addiction

傑弗瑞‧薩德（Jeffrey K. Zeig）、瓊‧尼霍爾（Joan Neehall）——著
洪偉凱、黃天豪——譯

出版者—心靈工坊文化事業股份有限公司
發行人—王浩威　總編輯—徐嘉俊
執行編輯—趙士尊　封面設計—黃怡婷　內頁排版—李宜芝
通訊地址—10684台北市大安區信義路四段53巷8號2樓
郵政劃撥—19546215　戶名—心靈工坊文化事業股份有限公司
電話—02）2702-9186　傳真—02）2702-9286
Email—service@psygarden.com.tw　網址—www.psygarden.com.tw

製版‧印刷—彩峰造藝印像股份有限公司
總經銷—大和書報圖書股份有限公司
電話—02）8990-2588　傳真—02）2290-1658
通訊地址—248新北市新莊區五工五路二號
初版一刷—2021年11月
ISBN—978-986-357-224-4　定價—420元

國家圖書館出版品預行編目資料

快樂成癮：不費力的練習,從此幸福戒不掉/傑佛瑞.薩德(Jeffrey K. Zeig), 瓊.尼霍爾(Joan Neehall)著；洪偉凱, 黃天豪譯. -- 初版. -- 臺北市：心靈工坊文化事業股份有限公司, 2021.11
面；　公分

譯自：The habit of a happy life : 30 days to a positive addiction

ISBN 978-986-357-224-4(平裝)

1.心理學 2.幸福

170　　　　　　　　　　　　　　　　　　　　　　　　110018055

![心靈工坊 PsyGarden] 書香家族 讀友卡

感謝您購買心靈工坊的叢書，爲了加強對您的服務，請您詳填本卡，
直接投入郵筒（免貼郵票）或傳真，我們會珍視您的意見，
並提供您最新的活動訊息，共同以書會友，追求身心靈的創意與成長。

書系編號－SH039　　　　書名－快樂成癮：不費力的練習，從此幸福戒不掉

姓名　　　　　　　　　　　是否已加入書香家族？ □是 □現在加入

電話（公司）　　　　（住家）　　　　手機

E-mail　　　　　　　　　生日　年　　月　　日

地址 □□□

服務機構／就讀學校　　　　　　　　　職稱

您的性別─□1.女 □2.男 □3.其他

婚姻狀況─□1.未婚 □2.已婚 □3.離婚 □4.不婚 □5.同志 □6.喪偶 □7.分居

請問您如何得知這本書？
□1.書店 □2.報章雜誌 □3.廣播電視 □4.親友推介 □5.心靈工坊書訊
□6.廣告DM □7.心靈工坊網站 □8.其他網路媒體 □9.其他

您購買本書的方式？
□1.書店 □2.劃撥郵購 □3.團體訂購 □4.網路訂購 □5.其他

您對本書的意見？
封面設計　　　　□1.須再改進 □2.尚可 □3.滿意 □4.非常滿意
版面編排　　　　□1.須再改進 □2.尚可 □3.滿意 □4.非常滿意
內容　　　　　　□1.須再改進 □2.尚可 □3.滿意 □4.非常滿意
文筆／翻譯　　　□1.須再改進 □2.尚可 □3.滿意 □4.非常滿意
價格　　　　　　□1.須再改進 □2.尚可 □3.滿意 □4.非常滿意

您對我們有何建議？

□ 本人 ＿＿＿＿＿（請簽名）同意提供真實姓名/E-mail/地址/電話/年齡/等資料，以作為
心靈工坊聯絡/寄貨/加入會員/行銷/會員折扣/等用途，詳細內容請參閱：
http://shop.psygarden.com.tw/member_register.asp。

心靈工坊
|PsyGarden|

台北市106 信義路四段53巷8號2樓

讀者服務組　收

免　　貼　　郵　　票　　　　　　（對折線）

加入心靈工坊書香家族會員
共享知識的盛宴，成長的喜悅

請寄回這張回函卡（免貼郵票），
您就成為心靈工坊的書香家族會員，您將可以——

⊙隨時收到新書出版和活動訊息
．．．．．．．．．．．．．．．．．．．．．．．．．．．．．．

⊙獲得各項回饋和優惠方案
．．．．．．．．．．．．．．．．．．．．．．．．．．．．．